高頻療癒

淨化內在能量，實現豐盛人生

「周波数」を上げる教科書
世界一わかりやすい 望む現実を創る方法

まきろん (MAKIRON)／著 楊鈺儀／譯

想過上幸福人生，最重要的是放射出什麼程度的頻率。
依著你放射出的頻率，將會決定人生的幸福度。

當拿出勇氣，決定：
「使用看不見的能量開創世界！」起，
宇宙就會陸續引發很棒的事件。

基本粒子有著「在現在這個瞬間，
同時存在著過去與未來」的性質。

從「受現今頻率影響所體驗到」的現實中脫身而出，
移動到有「期望中未來的自己」的次元去吧。

在高頻率的狀態下，讓搭載著「意圖」的基本粒子擴散出去。

同時，時不時地借助人或網路的力量，

將自己的能量資訊傳播到各個領域。

那就是能與優秀的人相遇的祕訣。

前言——你是放射著「愛」的高頻存在

初次見面，我是能量教練「まきろん」（ＭＡＫＩＲＯＮ）。我舉辦過關於能量以及頻率的講座，為許多人進行使用能量法則的諮詢。在私下，我是一名年紀介於二十五～三十歲的母親，和先生共同養育著兩名孩子。我在靈性領域內的從業者中，應該算是頗為年輕的世代。

我從懂事起就擁有一些能力，像是能感知到靈體以及ＵＦＯ等神祕存在的能力、如移情作用這類能得知他人心中所思所想的能力。不僅是這些能力，我還能多次體驗到存在於語言中神祕的力量。

一次，我在外頭度過了美好的一天，正當我試著出聲說：「我今天運氣真好！」

突然就有鳥糞掉到了我的頭上（笑）。

與這經驗類似，某次，正當我想碎唸著：「今天真是不幸啊。」的瞬間，就有很大的物品從頭上掉落砸傷了我。

我的童年時期就是在發生過多次這種神奇事件中度過，當時，我親身體驗到了：**「在我們的話語及想法中，有著大得出奇的力量」「眼所能見的世界不是一切」**。

可是明明有著這樣神奇的力量，我卻也是個在家庭功能不健全的環境中生長的孩子。受到環境的影響，我在童年時期所放射出的頻率都是「恐慌」及「悲傷」這類低頻。我的人生是從非常低的頻率開始。

當時的我並不理解能量與頻率的機制，在生活中吸引著各種負面環境。此外，擁有靈性的體質並不只有好的一面，很多時候也有不好一面的作用。

這樣的我在十五歲時，迎來了一個轉機。

那個轉機就是首次接觸了被稱為高我（high self）這類**高次元**自我的存在。那個高我把我帶進了阿卡西紀錄這個記錄著所有人生過程的世界，在那裡，我學會了**「人生在一瞬間的選擇就能改變一切」**的宇宙法則。

此後，我正式開始向神祕的存在學習宇宙的法則。在現實生活中，我離開了雙親，住在教養院裡，於是更深入理解了人心。

在進行如此的探究之中，我三不五時會體驗到被稱為合一（所有人與各種東西間都是作為一個整體而連結在一起）的境界，因此我知道了，我們都是以放射出「愛」這個高頻的模樣為本質。

如今，透過學習頻率與能量法則，我的人生簡直如煥然一新般變幸福了。我擁有了一直都很想要擁有的、能讓人感到安心的家人，以及富饒的生活，變得能過上心滿意足的生活。

不僅如此，在感受到能量法則的同時，我也獲得了一項任務，就是將之傳達給每個人。

或許你也和過去的我一樣，正經歷著谷底的人生，但我非常強烈地想透過本書傳達一件事，那就是：**「絕對沒問題的！」**透過意識到能量、放射出愛這個高頻，人生就一定會好轉。

世界現今正迎來極大的轉換期。以二〇二〇年為界，時代有了大轉變，在靈性領域所說的這些，如今應該也有人真的在現實生活中有感受到是這麼發生了。

我認為，透過這個大時代的變化，改變此前我們人類認為理所應當的事、「世界的觀點」的時代正在到來。

宇宙正丟出**「看待事情的方式請轉向以本來的靈性為主」**這樣強烈的訊息來。

本書是從「在科學上、靈性上，我們都是能量體」的觀點，來講述因著將自己的能量調整到高頻，就能改變現實的實踐法。

其中也有部分是交織著科學根據以及我從內在睿智通靈得來的資訊所寫出。意識到能量與頻率的新生活法，不僅能讓你的現實變幸福，在這時代的過渡期中，我認為是非常重要的一個觀點。

所以，請捨棄此前的固定觀念及思考，

謹記自己是愛這個能量體，

調諧頻率，前往你所期望的世界吧！

第2章　療癒、淨化自我以維持高頻吧！

第4章 抓住幸福未來的頻率，獲得期望工作的方法【工作篇】

第5章　使用頻率力量體驗幸福戀愛的方法【伴侶關係篇】

第 1 章

接下來是頻率的時代，頻率會為你帶來幸福！

首先，一起來試著體驗看不見的世界吧！

對於這個世界上有著看不見能量這件事，你是怎麼想的呢？

拿起這本書的人之中，有人會相信能量的世界，或許也有人會說：「其實我有點懷疑……」

對於是否真有能量一事，要不要從今天開始，實際一起體驗看看「眼睛看不見的能量」呢？

首先請輕鬆地坐在椅子上，摩擦手掌三十次左右！

一、二、……三十次。

試著感受這股看不見的能量吧！

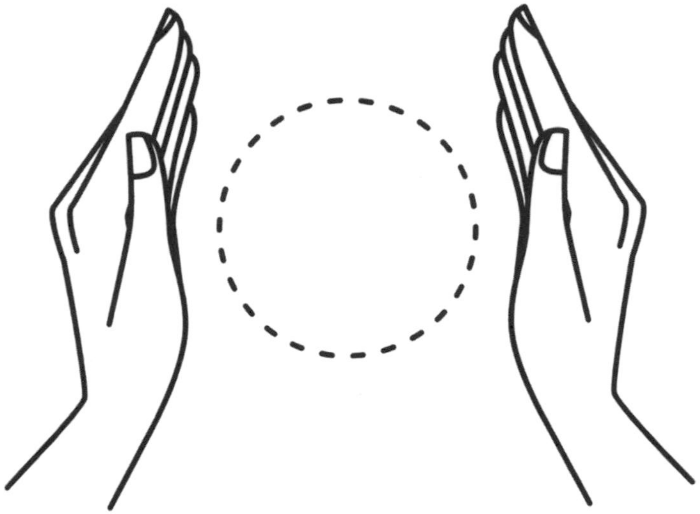

接著在兩手掌間空出一空間，大小約為一個直徑十五公分的球體。

手掌的內側是否有莫名地覺得「輕柔」的溫暖感？

因人而異，或許有人會有酥麻感。

這種「輕柔」的溫暖感，也就是所謂的能量。

只要不斷細分你所感受到的這股溫暖能量……，就會變成是所有物質的最小單位——基本粒子。

在此，試著來做個有趣的實驗吧！

現在，請再一次摩擦雙手手掌三十次。

這時候請一邊試著說：「我很愛你唷！」心中充滿著愛地摩擦雙手手掌。

接著像先前一樣，兩手分出一顆球大小的空隙，將雙手轉向內側的時候，你有什麼感覺呢？

奇怪？感覺比剛才更溫暖了……若有人是這樣的，或許也就有人會在雙手間感受到粉紅或純白的光。

這分感覺正是名為愛的高能量。

因著加入了「我愛你唷！」這樣的念頭，就在基本粒子中記錄下了這個資訊。

這麼一來，在你的手中，就製成了包含有「愛」這個資訊的能量。

那麼，接著反過來，一邊帶著「真火大啊……」這樣的想法，一邊試著摩擦雙手三十次。

然後，再度同樣地將雙手朝內，感覺手掌間的能量，會有什麼感覺呢？

感覺比剛才更沉重了……既有人會這麼說，或許也有人會說是很冷冰冰的感受。纖細的人甚至在帶著「很火大」這樣的想法時，或許都會出現抵抗。

這分感覺正是「真火大」這種低能量的感覺。

就像這樣，即便是同樣的能量，卻會因為自己不同的想法，體感也會不一樣。

這就是基本粒子最重要的性質——「會因觀測者（自己）的因素使基本粒子的模樣改變」。

接下來試著稍微感覺一下看不見的能量吧！

請將剛才你做成的、飽含「愛」這個資訊的能量，想像著自己喜歡的家人、朋友或是寵物，然後對他們實際做出投擲的動作吧。敏感的人應該會感覺到能投擲出緩慢且輕柔、溫暖的能量。

另一方面，想著「真火大」而做出的能量，有人會莫名感受到「鏘」的沉重感，將之投向人時，則幾乎所有人都會有抵抗感。

就像這樣，擁有「愛」這個高頻的能量時，振動是非常輕且細微的，所以能量可以筆直的傳遞出去。這分能量會以「咻」的飛越方式傳遞給對方。

可是，擁有「真火大」這個低頻的能量是非常重又粗大的振動，能量就會變得格外地重，難以飛到遙遠的地方。

在這個實驗中，你應該有實際感受到懷著「愛」這種心情時，與懷著「真火大」

這種心情時是放射出全然不同能量的。

我們可以簡單地觸碰到眼睛所看不見的能量，而且是在無意識中使用那股力量過著普通的生活。

那麼，接下來就開始眼睛看不見的能量練習。

你會因為知道了眼睛所看不見的能量的世界，深感：**「什麼！使用能量就能變得那麼幸福！」**而使得之後的生活方式大為轉變。

試著打開有趣的能量世界之門吧！

能變幸福的能量重點

- ◆我們會在無意識中使用眼睛看不見的能量。
- ◆基本粒子的型態會因為你懷有的想法而改變。

能量是什麼？頻率是什麼？

前言中，我們簡單提到了關於「能量與頻率到底是什麼？」的定義。

所謂的能量，就是創造出存在於這個世界上一切的力量。

我們人類與物質都是能量所形成的。只要將我們人類進行細微的微型化，就會變成原子，最後變成基本粒子。基本粒子一直都在振動中，**這樣的振動就稱做波動。**

波動一秒內振動的次數就是頻率，單位是赫茲。

頻率有各種各樣的赫茲，能分別出高頻與低頻。

人類會因各種情緒或思考而放射出與該情緒或思考對應的各種赫茲頻率波動。

而要過上幸福人生，最重要的就是你放射出怎樣程度的頻率。放射出怎樣的頻率會決定人生的幸福度。

了解頻率就能將人生導向幸福。

能變幸福的能量重點

- ◆能量是創造出這個世界上一切存有的力量。
- ◆波動是基本粒子的振動。
- ◆頻率是波動在一秒內振動的次數。

◆自己所放射出的頻率程度會決定幸福度。

要獲得幸福，就要知道能量與頻率的機制！

接下來我要詳細解說能讓你過上幸福人生所必須的能量機制。知道能量與頻率的機制，就能開創出期望的現實。

在量子力學的世界中，只要將我們人類與物質細緻地微觀化，就能用基本粒子來做定義。在基本粒子中，有個名為光子（Photon）的基本粒子，尤其會對我們人類有極大的影響。

基本粒子是創造出各種事物的力量，也就是能量。

此外，**基本粒子**同時有著**「是波也是粒子」**的雙重性質。波的性質稱為波動，其中會加入有各式各樣的資訊並相互傳達。此外，在粒子的部分，若是用我們能認識且確定的東西，也就是說成是現實的話，應該會比較容易懂。

基本粒子會因為我們對事物的看法或想法不同，改變成不一樣的粒子（現實）。

也就是說，這個世界是依照我們是如何看待現實、對現實有著什麼樣的想法，而能變成真正體驗到的現實。

我們總是在釋放著各種各樣的能量。**那分能量會以自己為中心，如肥皂泡泡般，三百六十度地圍繞在我們周圍。**圍繞著我們人類的這個能量，就被稱做是環面能量。

同時，這個環面能量會蒐集記錄有你資訊的許多基本粒子。關於你過去與未來的資訊都保存在這環面能量中，所以只要有誰觸碰了你的環面能量，就有可能讀取那些資訊。在靈性的領域中，這個手法就被稱為「解讀」。

波動與粒子的性質

波動	基本粒子

基本粒子的 波性質	是粒子 也是波
能搬運 許多資訊	會因為觀察 而改變形態

能量是以環狀結構在流動

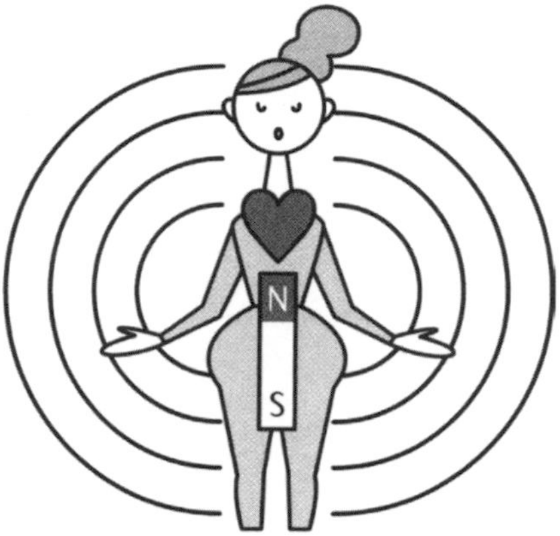

我們是以心臟為中心，360 度地放射出能量。就像 N 極跟 S 極一樣，自己會收受自己所放射出的能量。

基本粒子的波動在一秒內的振動次數就是頻率（赫茲）。應對著振動的次數，頻率可分為高頻以及低頻。

例如發出較高的聲音時，波動的振動次數會增加，所以頻率會變高，但較低聲音的振動次數比較少，頻率就會變低。這就是頻率高低的差異。

在各種能量中，有對應其各自的頻率層級，能量與頻率經常都是成對地對我們起作用。

而這個頻率機制之中，有很重要的一點，那就是也有對應到我們思考及情感的頻率。

頻率是什麼波？

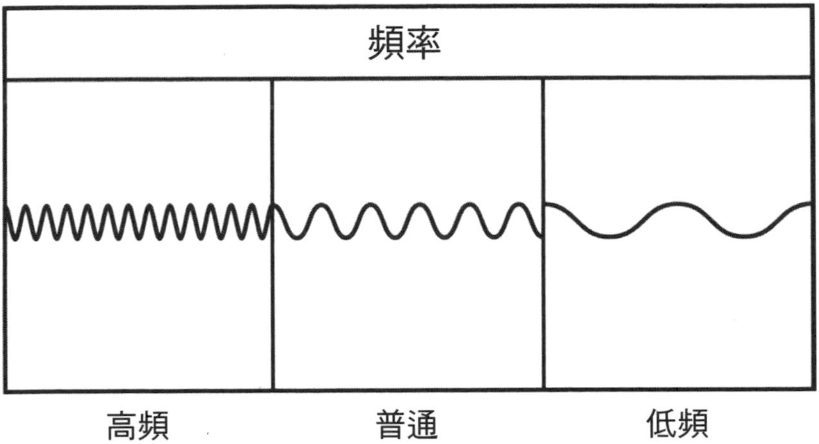

關於我們思考及情感頻率的高低標準有寫在《心靈能量：藏在身體裡的大智慧》〔*Power vs. Force*，霍金斯（David R. Hawkins），方智出版〕中。

根據《心靈能量：藏在身體裡的大智慧》所說，依據肌肉反射調查人類頻率的結果，「喜悅、愛、和諧、安心」這類情感是高頻，而「否定、嫉妒、憤怒、悲傷」這類情感則被定義為是低頻。

若要具體說明高頻的狀態，那就是情感起伏少、安定且沉著的狀態。

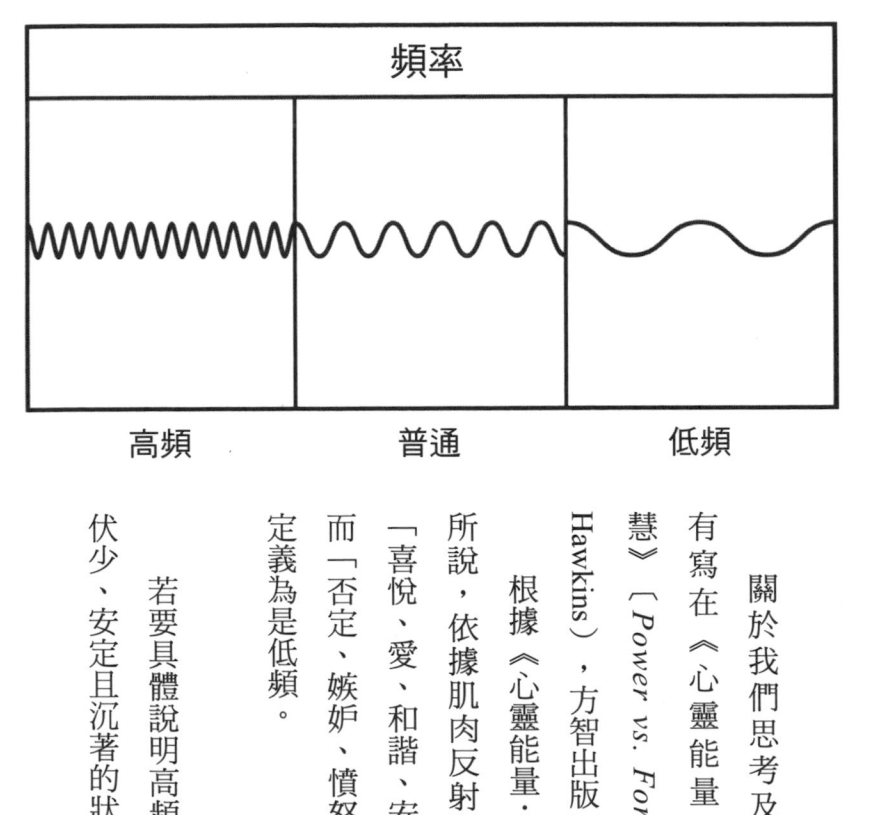

如果在你的周遭有人總是會滿溢出安心感又很穩定，可以說，那個人就是處在高頻的狀態下。

另一方面，所謂低頻的狀態就是情緒上上下下，處在會以好・壞的評價去看待事物的狀態。備受嫉妒心所折磨，或是對他人懷抱否定的想法也是處在低頻的狀態。

在此，重要的是，所謂高頻・低頻，並不只是單一的狀態，其本身並沒有優劣。對我們來說，不論是誰放出了情感的波動都是很自然的。但是，意識到高頻而生活，就結果來說，則關係到了我們的幸福人生。

此外，頻率中不只有高・低的特徵，還有一個特徵是，**相同頻率的會相互共鳴（吸引）**。

要說這樣的機制是如何對我們起作用的，就是我們所放出的能量頻率與相同頻率的事情會出現在我們的現實中。**宇宙中有一個法則是，自己會接收與自己發出能量頻**

率相同的事情。

以上的能量機制會在現實中起作用，大為影響到你「開創期望現實」一事。

能獲得幸福的能量重點

- ◆存在於這世界上的所有東西，都是由基本粒子構成的。
- ◆基本粒子所擁有的波的性質稱為波動，而波動的振動次數就稱為頻率。
- ◆若事物的頻率與自身頻率相同，就能被吸引進你的現實中來。

意識的地圖

神的觀點	人生的觀點	程度	紀錄	情感	過程
Self（大我）	Is（存在本身）	覺悟	700-1,000	無法表現	純粹的意識
一切存在	完全	和平	600	非常幸福	啟蒙
統合為一	完成	喜悅	540	安穩	（神）變身
有愛	恩惠	愛	500	崇敬	啟示
聰明	意義	理性	400	理解	抽象
大慈悲	圓滿	接受	350	原諒	超越
賦予靈感	希望	積極	310	樂觀的	意圖
賦予功用	滿足	中立	250	信賴	開放
認可	能實行	勇氣	200	肯定	能力
不關心	要求	自尊	175	嘲笑	得意
執念	敵對	憤怒	150	憎恨	攻擊
否定	失望	欲望	125	渴望	奴隸狀態
刑罰	畏懼	恐怖	100	擔心	撤回
輕蔑	悲劇	極度悲傷	75	後悔	灰心
責備	絕望	冷漠	50	絕望感	放棄
復仇心	惡	罪惡感	30	責備	破壞
嫌惡	悲慘	羞恥	20	屈辱	排除

不只是思考，你心的頻率正在創造世界

關於能量與頻率的機制，我希望大家知道一個重點

那就是，在我們人類身體中會放射出最強能量的部位就是心臟。

近年來，美國心能商數學會（Institute of HeartMath）的研究成果成為了話題。該研究是講述在人體中，比起大腦，心臟最大會放射出約五百倍以上的電磁波。而且也證明了，大腦中雖然也有處理情感的領域，但不只是大腦，心臟也有情感。心臟所感受到的情感就稱之為「心靈」（Heart）。

所謂的「心靈」就是我們打心底湧現出的坦率真心話。以邏輯性來判斷事物的是思考，心靈則不會做出「判斷」的評論，而是從心底湧出真正的情感。而這個心靈所

感受到的情感有頻率，會放出很強的能量。

經由這個研究證明，只要我們處在思考中，心靈的頻率就會創造這個世界。

例如雖然知道有一種法則是，要過上幸福人生，最好要心懷喜悅、興奮，但有的人是實踐了這個法則而獲得了幸福，有的人卻沒有獲得幸福。

其中的差異到底是什麼呢？說起來，即便「思考上」知道最好要心懷愉悅，也因為這樣想而滿心愉悅地去做了某件事，**但若是心靈湧現出的想像不夠，或是感受到痛苦，那種心靈的頻率就會創造出現實來。**

我自己也是在學習「只要這樣就能變幸福！」的技巧時也曾這樣，即便在思考上理解並努力去做了，心靈卻散發出「現在還不夠啊」的低頻。結果，就一直創造出不夠的狀態。

因此，要打造出期望的現實，重要的不僅是思考，心靈才是最重要的！要注意到這點，貼近心靈所感受到的想法，給心靈多點感到安心、安穩的時間。

這麼一來，比起從不足的想法中去學習技巧，將能立刻獲得期望的富足生活。

如果你碰上了在學習某種法則或方法卻沒有效果時，請務必去關注那個時候的心靈狀態。

你是不是從「這樣還是不夠啊」的想法出發而著手進行的呢？是不是真的有在開心學習呢？

會將與心靈頻率相同東西吸引過來的，正是這個能量頻率機制的重點。

話雖如此，或許也有人會說：「我根本不知道心靈究竟感覺到了什麼啦！」

那麼，我們一起來試著練習感受心靈吧。

首先將意識專注在心臟附近的位置。

這時候你有什麼樣的感覺？是很溫暖的感覺嗎？還是有什麼其他的感覺呢？

接下來，試著回想起你感到幸福時的心情。

那次旅行真開心！小孩子真可愛呢……就像這樣。

這麼一來，你是否有感覺到心臟的四周似是很「輕柔」？

這分「輕柔」的感覺，正是心靈的感覺。

你在感受心靈的時候，首先試著從感受溫暖的感覺這個練習開始吧。這麼一來，自己心情好時心靈有著什麼樣的感覺呢？悲傷時心靈有著什麼樣的感覺呢？就能感受到這些不同了。然後感受到這種「輕柔」的溫暖時刻多起來時，就是你的思考與心靈的聲音處於一致的時候。

此外，每開始新的一天時，自己的心理狀態是如何的呢？要保持這樣詢問自己的習慣，這也是能掌握住心靈聲音的重要方法。

就像這樣，請試著隨時進行聆聽自己心靈聲音的練習喔。

留意讓自己的心靈感到舒暢、實踐讓思考與心靈行動一致，是在實踐真正的吸引力法則時所必要的。

能獲得幸福的能量重點

◆心臟是人體中放射出最強能量的部位。

◆你的現實是由心靈的頻率所創造。

能量的強弱也是創造幸福現實不可缺的

即便是相同頻率的人，也有人能很快開創出期望的現實，但有的人卻開創不了。

各位覺得其中差異是什麼呢？

就是與該人自身能量的「強弱」有關。

所謂能量的「強弱」指的是，譬如發出很大的聲音時，能量就很強；發出微小的聲音時，能量就很弱，以這樣的方式去想像應該會比較好懂。本書中稱這樣能量的「強弱」為**「強能量」「弱能量」**。

這個能量的「強弱」正肩負著能創造我們期望現實的重要角色。

例如，即便是高頻但能量卻很弱的「弱能量」人，該人能量所能影響的範圍就很小。所謂能量處在很弱狀態指的是看起來一點自信都沒有、很軟弱的感覺，則該人本身的能量就是處於少量的狀態。

反過來說，即便是低頻，但能量很強的「強能量」人，因為擁有很大的能量，所思所想就會立刻反映到現實中。

可是處在低頻狀態的「強能量」時，也有容易開創出兩個極端世界的特徵，所以必須要注意。

例如工作明明很順利，但莫名地在私生活中就是會出現麻煩……會有像這樣正面的部分與負面的部分，這兩者都會成為現實表現出來。

關於能量的「強弱」是如何影響日常的，我還想介紹一個例子。

那是以前我和某位諮詢者會面時的事。

那個人本就擁有著高頻，但放出來的能量卻給人感覺很弱。因此我請他做了在第二章介紹到的增強能量練習。結果他一口氣就增強了放出的能量，最後那個人的收入竟增加到以前的十倍以上。

就像這樣，因著能量的增強，就能擁有大為改變現實的強大力量。

如果讀到了這裡的各位之中，有人意識到自己本身雖擁有著高頻，可是現實卻總是不太順遂，請試著擁有要加強能量的觀點。

那麼，要怎麼樣才能判斷出自己能量的「強弱」呢？

在此，我要告訴大家一個簡單診斷自己能量「強弱」的方法。

「強能量」的狀態是…

- 身體總是很健康，能有活動力的去進行自己想做的事。
- 不介意他人眼光，可以想著自己是自己，別人是別人。
- 覺得所想的事在現實中實現的速度很快。

「弱能量」的狀態是…

- 總是容易累。對於想做的事，很難立刻付諸行動。
- 容易受人影響，總是對人察言觀色。
- 會一直盯著社群軟體跟新聞看。
- 所想的事要出現在現實中要花點時間。

請參考以上的項目，試著確認你現今的狀態吧。

那麼該怎麼做才能讓自己的能量變成「強能量」呢？

要成為「強能量」者，除了情感與思考，還要加上肉體這個重要的角色。

我們的肉體中有脈輪這個能量的通道。

這個脈輪對強化能量來說是非常重要的。

開啟了脈輪後，就會像從噴泉處噴出強烈水柱一樣，從我們的肉體放出強大的能量到外面。反過來說，若關閉起來，就會像水管裡的水堵塞了一樣，出來的能量就會很微弱。

想擁有「強能量」時，建議**只要注意開啟身體的脈輪，就能更快地讓你的願望顯**

現在現實中（關於開啟脈輪的方法，我會在第二章的〈創造現實的能量練習③〉中做介紹）。

而且不止是要開啟脈輪，實際去做運動、試著去活動身體，對於變成擁有「強能量」也很有效，請務必試試看喔。

此外也有使用思考來增強能量的訣竅。

那個方法就是對自己多關心些以提高「自我肯定感」。

總是會介意周遭目光的人，會持續將自己的能量放射到他人身上，所以才會變成「弱能量」。

因此，透過關心自己，就能將此前給予人的能量放射到自己身上。而且因為將肯定自己這樣的高頻能量放射到自己身上，就會變成「強能量」。

要活用變成「強能量」的機制，開創期望的現實，建議可以使用如下的方法。

首先，即便只有一天也好，停止去關注社群軟體或新聞等外部事物，請只關心自己。然後以肯定的方式來看待自己，專注於自我。

透過將之前投向別人的能量轉而投向自己，就能大為增加創造自己現實的力量，如此一來，就能夠體驗到願望獲得實現。

透過將心靈、思考及肉體這三位整合為一體，就能將高頻的能量強力地放射到世界上。

能變幸福的能量重點

- ◆能量的「強弱」在創造你期望的現實時是很重要的因素。
- ◆停止關注外界，只關心自己時就能變成「強能量」。
- ◆要加強能量，將心靈、思考與肉體三位整合成一體很重要。

我們是和這宇宙有著相同高頻的能量體

到此為止，我已經從科學的觀點說明了能量與頻率。接下來想一邊說明自己的合一體驗（與這個宇宙中各種事物成為一體的現象），邊告訴大家關於我所理解到的宇宙能量的相關組成。

我是在十八歲時第一次體驗到合一。

那個時候我正安適、愜意地在進行冥想。

在放鬆地享受舒暢的感受時，我完全處在了高頻的狀態中。在享受完舒服的感覺後，我神奇地感覺到身體與世界的界限逐漸消融變不見了。

我覺得「奇怪」並沉浸在那樣舒暢的感覺中時，一回過神來就發現自己的意識遠遠地飛到了宇宙的空間中。

在宇宙的空間中，有著大片、純白的混濁光團，在那之中，有白色的線連接在我的身體上。那個時候我發現，這個世界上的各種事物都與這白濁的光連在一起，一切都成為了一。

然後我得知了，那個大塊的光團在靈性的領域中就被稱為是**「創造主（創造這個世界的各種能量的本質）」**或是**「神」**。在量子力學的世界裡，或許是接近於被稱為**「零點能量」**的領域。

我不止體驗過一次類似的經驗。長大成人後，我仍三不五時有經驗過。有一次，我在練習提升自己能量力量的時候，靈魂曾離開過身體，變成了一道純白的光。

處在那樣的狀態時，煩惱的事與痛苦都從眼前消失了，只有幸福一直持續著。我就是處在這樣的感覺中。

可是若一直處在那樣的狀態下，就會將陌生人的情感當成如同自己的感受般，與周遭同步，變得痛苦起來。若保持這樣過於純粹的光芒，一旦沒了肉體這個盾牌，就無法存在於這地球上了。在那個時候，我也學到了這件事。

通過這些體驗，我想告訴大家的是，我們本來就是擁有著高頻而活的存在。

閱讀這本書的讀者也毫無例外的是生而為完美的光，是從被稱做創造這個宇宙的「創造主」身上分離出來的個體，同時也是隨時與「創造主」連在一起的存在。

也就是說，我們是在心靈中與「創造主」有著相同頻率而連在一起的存在，每個人都有著如同神一般的力量。我是透過體驗而實際感受到這點的。

如今我強烈感受到，我們放射出高頻而生活這件事，能發揮出如同創造宇宙那般龐大事物的同等力量。

因此，重要的是，在心靈中擁有能創造我們現實、如同神一般的力量就是重點。

所以，**當處在高頻狀態下（愛、調和、感覺舒暢以及放鬆的狀態）時，除了是因著思考，還會因為信賴著從心靈湧現出的感覺而活，而能在這個現實世界中引發奇蹟。**

能變得幸福的能量重點

◆你本就是以高頻而活的存在。

◆藉由放射出高頻，就能擁有與開創宇宙力量相同的力量。

只要活在宇宙式的時間軸中，願望就會不斷實現！

若是用能量體視角去看待一般常識的時間，看法就會大為改變。

在構成我們的基本粒子中，不存在時間這個概念。我們平時看待時間的觀念，是擁有重力的地球所特有的規則。

什麼意思？或許有人會有這樣的疑惑。

例如在平常，你所想到的過去發生過的事，就只是大腦中的記憶。而所謂的未來，也不是如浮現在腦中景象般的實際狀態。

只要這麼一想，或許多少比較能接受在能量的世界中只有「現在」。

在基本粒子的世界裡，不是一秒接著一秒的連續下去，而是只有「現在」這個瞬間。而在這個「現在」的基本粒子世界中，我們同時包含著過去與未來，是存在於許多世界及次元中的。

這種構造就稱之為**平行宇宙**。

這個概念在量子物理學世界中已經被非常知名的「薛丁格的貓」這個實驗所證實。這是奧地利理論物理學者埃爾溫・薛丁格（Erwin Schrödinger）於一九三五年所發表的思想實驗*。

*譯註：思想實驗（thought experiment），又稱做假想實驗，指用想像力去做的實驗，做的是在現實中無法或未做到的實驗。

而且在二〇一四年，還發表有一篇關於這個平行宇宙的論文，那就是由澳洲葛瑞菲斯大學（Griffith University）與加州大學量子物理學研究團隊所發表的〈多世界相互作用理論〉（*Many Interacting Worlds*）。這篇論文寫道：「在我們的世界中，有無數個平行宇宙，各平行宇宙間都會互相影響。」

也就是說，我們因為活在「現在」這個瞬間，而能影響到過去以及未來的各平行宇宙。

在此，請讓我說一下我的某個體驗。

以前，在我小的時候，不論是待在家裡還是學校，都讓我喘不過氣來，曾好多次都讓我意志消沉。

即便是處在那樣艱辛的時候，在某個瞬間，我的內心卻突然變得溫暖，充滿了幸福的感覺。而且我還聽到了一個訊息說：「妳所體驗到的事，終有一天會傳遞給大家的！」同時還有溫暖的聲音包裹住了我。

從現在這個時間前往過去、未來

電磁場

所有能量都在已知的時間線上混雜在一起

因為有這樣神奇的體驗，此前不論發生過什麼事，我都能繼續往前邁進。

而自從學習了能量的機制後，我終於發現了。

那道聲音是來自與「現在」這個瞬間同時存在的「未來」的我的能量及訊息。

在這個「瞬間」，「未來」的你也正不斷地在給現今正在閱讀這本書的你許多訊息。而我希望各位知道，你自己也能使用這個**「超越時空的力量」**。

那麼該怎麼樣才能發揮出這個「超越時空的力量」呢？以下，我要介紹這個機制給有這個疑問的人。

在量子力學的世界中，有一種被稱做「量子纏結」的機制，亦即，即便物理上是分離的，也會因為某一方基本粒子的振動改變了，使得另一方的基本粒子有所改變。

只要活用這個機制，**在「現在」這個瞬間，你就會因為變成「愛・調和」這類的高頻狀態，讓過去的你也能體驗到「愛・調和」的世界。**

也就是說，即便是覺得已經結束的過去，也會因為「現在」的你頻率改變了，而改變你的過去。

這正是使用能量機制的真正療癒。

像這樣關於「超越時空的力量」，我會在第二章之後以各別的主題來詳細說明。

那麼我還要來說一個關於時間軸的有趣話題。

此前，認為時間是以「過去↓現在↓未來」這種方向在流動的人，要獲得期望的現實，或許會很自然地認為步驟是「要透過這樣的過程，用這樣的順序，這樣做」。

其實，因為想著像這樣的「過程」，基本粒子的振動就會確定下來，直接創造出「歷經過程而達成」的現實。

但是，我們透過了解基本粒子「現在」的這個瞬間中，有著過去與未來的機制，就能不用去管時間的流動而改變人生，可以引起量子躍進（Quantum Leaps）。

量子躍進的機制是，在現在這個瞬間，你可以停止思考「過程」，獲得真正期望的現實！當你大為改變意識，就能超越這個「過程」，變形成期望的世界。

我的情況是，因為未來的我在訊息中告訴我：「妳自己的體驗會傳達給其他人。」所以就模模糊糊地把「傳遞出體驗」當成了人生的方針。

我想著：「說不定哪天就能出書？」為此，我每天都會寫部落格，就這樣寫了好多年……以前，我就是這樣，是以直線式的時間流動來思考。

但實際上，與之相反地，當我停下了每天都在寫的部落格，增加了以愉快心情過日子的時間，過得就像是心理上接受了自己已經寫書出版了一樣，就在這個時候，透過與某人的緣分，我竟然真的有了寫書的機會。

你如果也想著要在現在這個瞬間實現夢想，希望你最好停止「要累積經驗後再開始」的想法。

下定決心：「不論現今的我是如何的，都能獲得超棒的機會！」的時候，就能引起跨越過程的量子躍進。

關於引起這個量子躍進的具體方法，我會詳細寫在摻雜有實際例子的第四章與第五章中。

在此要注意的是，為了能活在期望的世界中、要引起量子躍進，重要的是自己的頻率保持在高頻狀態。

我們來用容易想像的「水」來做說明。

例如「水」變冷時，會凝固成「冰」。此外，水一旦變成了氣體的「水蒸氣」，就會是薄而透明的。

水凝固為「冰」時的頻率是低頻，成了「水蒸氣」擴散到四周時就是高頻狀態。

凝固的「冰」一直都是停留在某處的，唯有靠我們的手去推動它才會移動。可是「水蒸氣」能飛到各處，而且是一瞬間就能移動到完全不一樣的地方去。

就像這樣，物質在頻率低的時候會停止在特定狀態，但頻率高的時候，隨處都能擴散開來、變成輕盈的型態。

而我們處在量子躍進時，正是這個機制在運作著。

我們的頻率低時現實非常有真實感，因為變得像冰一樣堅固而難以改變。可是，頻率高時，現實會像水蒸氣那樣，是輕盈的狀態，處在這種狀態下，你只要把心念放在期望的現實上，現實就會朝那個方向變化。

只要你處在高頻狀態，就會移動到超越時間之流的渴望世界中。這就是我們本來的模樣。

能獲得幸福的能量重點

◆只要開始生活在宇宙的時間軸上，就會出現超越過去與未來的神奇體驗。

◆處在高頻狀態中時，就能引起量子躍進。

第2章

療癒、淨化自我
以維持高頻吧！

現實是由你放射出的頻率創造出來的！

從第二章起就是關於頻率機制的實踐篇。

在這章中，我會介紹各種練習，以作為提高頻率的實踐方法。在此介紹的練習，都是些我以及我部落格的讀者們平常會去做、非常有效的練習。

那麼，在進入介紹練習前，我有一個宇宙的真理想告訴大家。

那個真理就是：**「你是擁有高頻能量的完美存在。」**

愛因斯坦說過：「宇宙是總括的全體，調和得有秩序又漂亮。」

生存在這宇宙中的每一個人，本來就都是非常完美的調和的存在。

就像是美麗的花朵分別開出不同色彩與形狀的花一樣。

你的存在，就是如此完美且美麗。

可是此前，我們因為忘了「我們是完美的存在」，為了適應社會而將各式各樣的價值觀當成了自己的身分給輸入了進來。

錯以為能適應社會就能讓自己幸福。

請讓我再說一次自己的事。

我的童年時期是在雙親的嚴厲體罰，以及承受了他們精神上的攻擊下度過。

我無法表現出自己的個性，每天都被說是「很沒用的人」。

在過著這樣的生活中，我的家庭崩潰了，家人各自都罹患了不同的疾病。而我在十五歲時也不得不離開雙親身邊，住到福利機構。我接受了那個福利機構中專業工作人員的心理諮商，自此，開始了療癒的每一天。

此前，我處在複雜的家庭環境中，一直為了回應雙親與社會的期待而想補足缺點，以達至「完美」為目標。

我相信幸福可以透過努力獲得，做了許多奮鬥提升自己，而且將雙親與社會的規則、「應該～」等既定觀念輸入腦海中，成為自己的信念，活在否定自我、犧牲自我之中。

可是，在掩蓋這些缺點而獲得某些事物時，我的心中卻沒有感受到幸福。此外，即便獲得了社會的認可，我的心中卻常懷恐懼，經常帶著害怕失去那些的心情而活。

從前的我是處在「幸福的定義就是這樣」這種某人的價值觀中，努力讓自己的幸福符合那樣的條件。

這樣的想法不僅限於我，尤其是對日本人來說，應該都是非常一般化的思考吧。

我想，幾乎所有人應該都很難在這樣的窒悶中感覺到幸福吧？還有，或許還會像過去的我一樣，在「被認可」「被承認」的世界中，錯以為獲得了虛假的幸福。

像這樣思考與心靈間的差距，若用頻率來說，就是在**「不足與無價值感」**這類低頻領域中糾結著。

因此，即便努力勉強地想要改善缺點，現實也不會變幸福。因為那時放射出的心靈頻率會吸引來現實。

此外，創造這個世界的能量約有百分之五～十是眼睛能看見的物質，剩下的是由百分之九十～九十五眼睛所看不見的非物質所構成，所以無法靠現代科學來闡明。

不知道大家能否從這件事中了解到，從看不見能量方打造現實的重要性呢？

沒錯，要使用這個能量與頻率的機制來開創你所期望的現實，首先要請相信**「你的世界是由你所放射出的能量頻率所創造的」**這個機制。

若想要獲得幸福的人生，就別認為「這種人生都是環境的錯！」而否定現實，必須接受「即便歸咎於環境，現實也無法改變」這件事，並採取方法改變自己的頻率。

我一開始也難以接受，認為「我才不相信這個痛苦的現實是自己的能量頻率所創造出來的！」因而很是抗拒。

即便不相信這點，我也希望讀者們能下定決心：**「要信賴這個宇宙的法則，過上更好的人生。」**

因為你拿出勇氣，做出「要使用看不見的能量開創世界！」的決定時，宇宙就會

陸續帶給你很棒的事物。

請放心並帶著期待進行第二章的練習吧。

能獲得幸福的能量重點

- 在這個世界上，看得見的能量有百分之五～百分之十，看不見的能量則是百分之九十～百分之九十五。
- 你的現實是由你所放射出的頻率所創造出來的。
- 信賴著能量法則時，現實就會不斷好轉。

現實表示自己放射出了什麼樣的頻率

我們所謂看得見的現實，是展現出了與自己放射出頻率互相吸引而來的東西。

此外，構成我們的基本粒子也會因為我們是如何去認識現實，而形成相同的現實。

因此現實會告訴我們，我們看待事物的方式、放射出的頻率是什麼模樣的。

例如，若是你對自己說出了嚴厲的話語，像是「像我這樣的……」你就是在向世界放射出「自我否定」的低頻。那樣的低頻在能量的世界裡，就會出現吸引、黏住同樣有著低頻對象的基本粒子。這就是頻率的機制。

而放在人際關係中來看，若自己沒有改變放射出的低頻，即便離開了那樣的對象，又會換個人在眼前重複著創造出相同的現實。

若是此前有人換了職場，也改變了交往的朋友，卻還是一直重複著相同的模式，那請轉換視角，不要想著「改變現實」，請試著改變「自己的頻率」。

同時還有一個重點要告訴大家。

所謂頻率的機制，就是被自己放射出頻率吸引而來的東西，會成為現實被接受的機制。

可是此前，我明明很溫柔也沒有攻擊心，但為什麼會受到來自他人否定的對待並且對此深感困擾……也有很多這類人來找我諮商。

「自己並沒有攻擊誰，也沒有無視誰，也沒有對誰有所不滿。」對這類非常棒的人來說，現實莫名不順時，有時就是「自己對自己」放射出了低頻。

例如

- 否定、攻擊自己。
- 無視自己真正的心情。
- 總是對自己心懷不滿。

想是這樣的想法或行為，就是在對自己放射出低頻。

尤其我們日本人是經常會被「忍耐就是美德」這種既定概念所束縛的民族。可是，若從宇宙的能量法則來看這點，這樣的想法是會遠離幸福的。

「不僅是給予他人的頻率，給予自己的頻率也很重要。」

請務必要記得這個重點。

那麼，此前都只是在看著外在世界的你，在能察覺到自己真正的心情時、能對自己抱持著肯定的想法時，你就能獲得世界的肯定。

而在自己心中，不論有著哪一面，都能用「愛」這個高頻狀態去看待時，那個高頻就會傳達給世界，你的世界中就會出現美好的事。

請體驗一下這個有趣的能量機制喔！

能獲得幸福的能量重點

- ◆現實會告訴你自己放射出來的頻率是怎樣的。
- ◆不僅是給予他人的頻率，給予自己的頻率對創造期望現實來說也很重要。

提高頻率必要的基本練習

那麼現在起就來解說清算練習。

首先為了能使用頻率的機制來開創你所期望的現實，重要的是「要將自己的低頻回復到本來高頻的狀態去」。

我用**淨化低頻＝「清算」**這樣的詞語來表現這點。

若要舉出關於「清算」的例子，譬如會有以下的例子：

・職場上有討厭的上司。

- 在意丈夫糟糕的酒品。
- 還沒決定好工作而不安。

處在這樣的煩惱中時，你就會持續放射出「不安與恐懼」這類低頻。

可是，針對這些事，要接受、認可自己真正的心情，像是：

- 職場上有討厭的上司……這真的令人好痛苦唷。
- 很在意丈夫的糟糕酒品……那真的很討厭啊。
- 還沒決定好工作而不安……就是說啊。一定會不安的啊。

而接受並感謝這些事是為了通知自己、讓自己察覺到是自己放射出的頻率時，即便狀況沒有改變，你所放出的頻率也會變成「愛與感謝」的高頻。

這就是在高頻狀態中磨練思考與心＝進行「清算」。

而透過確實進行「清算」，就能如吸引來高頻般，你所視為問題的事情都會一一獲得解決。

那麼，這個練習有三個步驟。

以下來簡單介紹一下：

①透過在意的現實，察覺出自己所放射出的頻率與情緒。

②接受當時放射出的頻率與情緒。

③感謝告訴自己放射出頻率的事件。

依著這些步驟，就能進行清算，以變成高頻狀態。

那麼，現在起就來試做看看吧！

頻率的清算練習　實踐法

要提高頻率，這是必要且最基本的練習。

1　試著寫出生活中人家對自己說的話、會出現情緒反應的事、心動的事（請直白地寫出自己真正的心情喔）。

例）

同事對自己很冷淡。

被丈夫攻擊了。

沒錢、很辛苦等。

2　簡單寫出出現那樣的現實時，你的頻率是如何的呢（可以寫出個人的主觀感受）？此外，試著寫下當時所產生出的情緒吧。

例）同事對自己很冷淡。
＝否定、攻擊性、無視類頻率。
情緒：悲傷

被丈夫攻擊。
＝攻擊性、恐怖等頻率。
情緒：恐懼。

沒錢、很辛苦。
＝不足、欠缺感等頻率。
情緒：不安。

3　在先前寫出事項的結尾，添補上「貼近」「接受」，並實際貼近自己、試著感受那樣的「感覺」。

例）

同事很冷淡。

＝接受擁有否定、攻擊性、無視類等頻率的自己。

情緒：貼近覺得悲傷的自己／「會覺得悲傷是理所當然的啊」。

被丈夫攻擊。

＝接受有攻擊性、恐怖這類頻率的自己。

情緒：貼近覺得恐懼的自己／「會覺得恐懼是理所當然的啊」。

沒錢，很辛苦。

＝接受擁有不足、欠缺感這類頻率的自己。

情緒：貼近擁有不安的自己／「會不安是當然的啊」。

4　貼近自己後，試著去感謝自己與告訴自己放射出何種頻率的現實。所謂的感謝就是「這個問題已經變成了高頻」的完成訊號。

例）

同事很冷淡。

＝接受擁有否定、攻擊性、無視類等頻率的自己。

情緒：貼近覺得悲傷的自己／「會覺得悲傷是理所當然的啊」。

感謝貼近的自己／「我還真厲害啊。謝謝。」

感謝告訴自己這點的同事們／「謝謝你們讓我察覺到這點。」

如果針對負面部分的事情很難做出感謝、出現無法原諒的想法時，就是顯示出自己內心的情緒尚未昇華。這時候不要勉強想做出感謝，請試著重複進行1～3幾次。

頻率清算練習的重點

這個練習的重點是，不要在書寫時想勉強做出積極正面的解釋。請試著如實表現出自己的真心話。因為你心中真正懷有的情感所擁有的頻率，會作為能量放射到這個世界上。

然後試著回頭慢慢閱讀所寫下的文字，就像母親貼近孩子時那樣，給予自己高頻的能量吧。

請沉浸在「原來我是這樣想的啊，沒關係，那樣也是可以的喔」這樣的感覺中。

在這時候不是要進行「思考」，而是請盡量確實將注意力放在「心靈」有無好好安慰自己的感覺上。

心靈放射出高頻時的大致推測是，身體上出現輕柔又溫暖的感覺，好像冒出了幸福的心情。請試著把意識放在像這樣柔和的感覺上。

此外，面對自己真正感覺到的心情，若做出「不可以這樣想」這樣的評判，就會放射出低頻。不論是任何情緒，都請確實承認並貼近吧。

如果心緒就是難以相稱，建議可以撫摸身體。

先放鬆身體，告訴身體：「一直以來都很感謝你。」對肉體傾注愛、加上高頻，透過此，心靈的感覺就容易一起展開。

基本上來說，因為像這樣接受放出的頻率與情感，你放射出的頻率就會漸漸變高。如果有人總是難以消除負面消極的想法，請試著去做後面會提到的能量練習。

改變能量，你的現實就會好轉！

就像先前介紹過的清算練習，只要將放出低頻波動的原因——思考習慣，改寫成高頻，你所體驗的現實就會大為轉變。

可是，我們本就是能量體，其中就潛藏有巨大的力量——不僅可以改寫思考習慣，也能透過提高自己心中所有的能量本身頻率，打造更好的現實。

接下來要介紹的練習，是可以透過推動自己的能量而改變頻率狀態的能量練習。

首先來說明一下清算練習與能量練習的不同。

先前所介紹到的清算練習，可以讓我們心靈回復到原本的高頻來輔助提高頻率。

另一方面，能量練習則是透過改變已經存在於自己內在的能量，來輔助讓心靈與現實改觀。

尤其是即便做了練習卻還難以改變現實的人，大多可以藉由進行接下來要介紹的能量練習，簡單地讓現實變好。

不論是哪種練習，都能提高自己放射出的頻率，請選擇適合自己的練習喔。

那麼，接下來要告訴大家的能量練習，是透過實際閱讀文章，靠自己想像來進行的自有能量練習。

不論有著什麼樣的煩惱，都可以實際應用，是匯集了有很高通用性的練習。

第一個想來介紹的能量練習是能將我們的低頻改變成高頻的基本練習。

這個能量練習是一種快速的練習，當在每天生活中內心出現「不快」「煩躁」反應的瞬間，就可以進行。

在每天的生活中，你的心有所反應時，請試著專注地去進行這個練習。

療癒的能量練習①

瞬間淨化低頻的快速練習

這是提高自己低頻的能量練習。

在每天的生活中，感覺不愉快或是覺得煩躁時，就請進行這個練習。

1 在每天生活中，當內心出現了「不快」或「煩躁」這類反應，將雙手放在自己心窩上。

2 將放在心窩上的手從身體上放下來時，想像「煩躁不安的疙瘩」也一起黏在了手上。就感覺上來說，就像是從心窩掏出了黑色的水底淤泥那樣。

3 請想像將那個「煩躁不安的疙瘩」匯集成如黑色的球般，並把那顆球輕丟向空中的模樣。或許實際上活動雙手做出如要丟球般的動作會更容易想像。那個時候，請試著想像，把球丟出去時，天空中有個像黑洞般與宇宙相連結的閘門開啟了，並把丟出去的黑球給吸了進去。

4　結果，在你心窩周遭，捨棄的黑球部分裂開空出了能量的空間。接著再度把手放在那裡，並試著說：「〇〇（自己的名字），我很愛你唷。」對自己傾注愛，請感覺從心臟周邊滿溢出溫暖的粉色光，並充滿了空出的空間。

5　等溫暖的粉色光浸透進身體，且心情平靜下來後就結束了。

去愛你隱藏起來的情緒而變成更高頻的方法

或許也有人即便進行了「療癒的能量練習①」，但因為體驗過強烈的打擊或悲傷等情緒，而無論如何都難以變成高頻。

為此，我要介紹更好應用的練習給這些人。

在你心中，若有著無論如何都無法變成高頻的事時，要說究竟是發生了什麼事，就是**「過去體驗過的強烈情緒」**禁閉了你。

你的潛意識會因為自己心中的感情用事，而不去原諒當時所體驗到的事。

同時，為了釋放再度壓抑住你的情緒，就會創造出痛苦的現實。

但是，當你察覺到自己壓抑住的情緒，且確實承認、接受，那樣的情緒就會因「終於被理解了」而獲得療癒，並確實消失。

然後，為了釋放你壓抑的情緒而發生的各樣現實，就會開始大為轉好。

現在要介紹的練習，就是像這樣費力「解放情緒」，將低頻轉換成高頻的練習。

想將一直以殘留著的低頻為基礎的情緒轉變成高頻時，請試著做看看吧！

療癒的能量練習②

「解放情緒」，提高自己頻率的練習

這是能將低頻轉變成高頻的應用練習。

即便做了「療癒的能量練習①」，仍有放不下的情緒時，請進行這個練習。

1 首先，放鬆身體，並輕輕閉上眼，試著專注在想像上。

2 你現在正一個人在電影院裡。在那裡上映著的電影，是你過去無論如何都無法放下的「煩躁不安」情緒湧現出的場景。你正做為觀眾在觀看那個場景。

3 若從位置上站起來靠近電影螢幕，就能進入電影中。試著進入到電影裡，並與電影中身為主角的你自己重疊吧。這麼一來，在那個場景中所感受到的想法就會進入到你心裡。重疊時所感受到的想法……，例如憤怒、悲傷或無價值感等，試著在當下感受看看吧。然後邊感受邊請試著貼近自己，安慰自己：「很辛苦吧？」「很悲傷吧？」

4 在某種程度上，能接受自己的情緒後，試著脫離身為電影主角的自己，再度出來到電影屏幕外。

5 試著走出螢幕後就會發現，你能自由改變螢幕中的影像了。試著將那螢幕中的影像，改變成是「若真是這樣的畫面就讓人感覺太幸福了」這樣的電影。與一開始的景象不同，畫面中的自己逐漸變幸福，請持續想像直到播放出明亮的畫面為止。

6 然後在螢幕中替換成是幸福的景象後，將注意力轉向自己的心靈，請試著和自己說：「變成幸福的場面了，謝謝。」

7 深呼吸一段時間，若湧現了清爽的感覺，就張開眼睛結束練習。

試著產生出能開創幸福現實的奇蹟能量吧！

接下來要介紹能不斷產生出幸福現實的「創造現實」練習。已經療癒了自己負面情感的人，或是平常就在放射出高頻能量的人，請務必試著進行這個練習。

這個能量練習與位在自己心靈核心的「與神相同的力量」有關，是可以一口氣提高自己頻率的練習。

這練習非常簡單，卻能大為讓現實好轉。一天中只要花費約五分鐘，就能讓心情舒暢的幸福時間顯著增加。請務必試做看看喔。

創造現實的能量練習①　能開創幸福現實的奇蹟能量練習

想一口氣將自己的頻率變成高頻以創造幸福現實時，一天做一次以上會很有效。

1　首先請以輕鬆的姿勢處在平穩的狀態下。就這樣輕輕閉上眼睛。

2　接下來，將注意力緩緩地從頭落到心臟附近。難以做到的人請試著去感受心臟的跳動。然後回想起你此前覺得幸福時的回憶、接下來想去旅行的地點、喜歡的東西等能獲得安心或幸福感的東西及事件。接著，請試著用心靈去感受那時冒出的幸福溫暖感。

3　若能用心靈感受到那股幸福又溫暖的感覺，就試著用自己容易想像的顏色為那感覺上色，像是粉紅色或白色。請感受染上那顏色的溫暖能量以心臟周邊為主，擴散到身體全方位的模樣。

4 能確實感受到的人，試著讓那分能量大為膨脹起來，拓展到能包裹住身體的大小。若能擴得更大的人，請試著不斷擴大，大到像是要包裹住地球，或是超越宇宙般……。在你能做到的範圍內，試著大大擴展那能量吧。

5 請暫時用這樣的感覺被包圍在幸福感中。若能完全被幸福感所包圍，就慢慢地將那能量回復到與身體相合的大小。若能感受到那幸福又溫暖的感覺浸透入身體時，就結束練習。

透過將願望傳達至「零點場」，夢想就會實現的奇蹟練習

只要去做這些練習，你的頻率就會變高，順帶還能掙脫此前深信的社會規則以及來自某人的價值觀、既定觀念，回到本來純淨的你自己。

像這樣回到你本來的模樣時，你真正想實現的心願才終於會做為「真心話」而冒出來。

那或許是：「比起受到社會上的認可、獲得些什麼，更想走入家庭，閒適地過日子……。」也或許是與之相反。

接下來我要告訴大家，浮現出你真正想實現的心願時，使用能量及頻率力量，進行「實現願望」的能量練習。

你要將願望在現實中具現化時，建議可以使用一個方法，就是把願望傳達到和神擁有同樣力量的「零點場」去。

在量子力學的世界中，各種基本粒子是從被稱為「零點場」這個地方所生出的，所以才產生了我們的現實。也就是說，這個世界上的所有事物，都是在「零點場」中所創造出來的。

「零點場」擁有「從一無所有生出基本粒子的作用」，所以是要在現實中創造出我們期望的事物時所必不可或缺的。

我們在放射出高頻的時候，與「零點場」相連的大門會開啟，或許大家可以這樣去想像。

接下來我要說明要如何能夠與這個「零點場」連接起來。

有什麼心願時，應該有很多人會去神社，合掌向神明祈求。這個「祈求」正是連接「零點場」的方法。我們把這個當成是一種儀式，以產生出實現願望的能量。

那麼所謂的「祈求」到底是什麼呢？一般來說，或許大家想像的「祈求」是一種下訂單，就是告訴神明希望能幫忙實現這樣的心願。

關於「祈求」有各種各樣的說明，但是在學習全世界知名的基督自性的教科書《奇蹟課程》〔*A Course in Miracles*。海倫・舒曼（Helen Schucman）〕中，寫道了：「**祈求是在感謝接受已經被賦予之物。**」

也就是說，**所謂的「祈求」是在向宇宙表達這個「零點場」為我們實現心願的感謝**。藉由像這樣表達感謝，自己內在所有的「零點場」與自己本身的能量就會合而為一。這樣的感覺完全就是與神合而為一的感覺。

這個練習因為超越了理論，實際去改變了現實，所以有部分是要靠感覺去掌握的。請試著實際去進行練習，體驗一下隱藏在自己內在，能實現心願的力量。

此外，若是進行了這個練習卻還無法實現心願時，請試著確認一下，在你心中是否有些想法最好是要「清算」一下的。

創造現實的能量練習②

能將願望傳達到「零點場」的祈願練習

想實現自己願望的時候。

推薦給提高了自己的頻率，浮現出真正心願的人。

1　首先請進行「創造現實的能量練習①」並放輕鬆。這是基本的狀態。在這樣舒暢的感覺中，將注意力關注在更深層的你的心臟周邊。

2　若在幸福的感覺中自己有感覺到心滿意足，就試著在心中想像專屬於你的「祈願象徵」。例如請試著想像神社、佛寺、教會、神等喜歡的象徵。

3　向這個象徵以「已經實現了的完成式」來傳達自己的願望。例如在心中做這樣的祈禱：「神啊，我的心願〇〇已經實現了，我非常的幸福。謝謝。」如果你有信仰，在2的「祈願象徵」時去到那個信仰處，然後請試著想像向那個信仰對象祈禱。

4 請試著好好感受一下「對於已經實現的事充滿感謝」的幸福感。那時候若浮現出自己在實現狀態下的景象，就請凝視那個景象一陣子。

5 若已經充分感受到了，就緩緩地睜開眼睛並結束練習。

在此，重要的是用已經實現的完成式來許願。

因為就像在第一章中已經說過的一樣，在基本粒子的世界裡，「現在」這個瞬間會同時存在於全部的過去與未來中。**你在擁有「心願」的瞬間，「已經實現了」的未來就存在了**，這就是能量的法則。

因此，請試著好好感受「願望實現了！謝謝！」這感謝的部分，並進行練習。

更強化能實現心願能量的祕訣！

只要進行「創造現實的能量練習①②」，你的頻率就會提高，真正想實現的「願望」就會成真。

可是，有人能立刻實現心願，也有人不能。之所以會像這樣有「實現心願的速度差」，與該人本身能活動的能量強弱有關。

誠如在第一章說過的，你的能量較強時，打造出現實的速度就會較快。另一方面，能量弱時，打造出現實的速度就會較慢。

這個練習能強化你本身的能量，與打開你身體中重要的能量點脈輪有關。因著開啟了脈輪，就會大大增加了你能使用到的能量量。

想早些開創出期望現實的人，請務必試著做做看。

創造現實的能量練習③

打開脈輪，提高創造現實能量的練習

建議想加強自己能量、順利實現心願時做。

1 首先試著以輕鬆的姿勢做出平靜的狀態。請就這樣輕輕地閉上雙眼。

2 接著，與第一〇三頁的插畫一樣，在相同的地方試著想像在你身體中放射出相同的光芒。

若能想像放出光芒的人，請試著讓那光芒往右轉動。這時候或許會出現有難以轉動的光或是轉動速度不一樣的情況。請試著就這樣感受那樣的狀態。

3 若能轉動所有光芒，就完成了脈輪的活化。

4 其次，試著想像一下身體正中央有巨大的白色光束通過。試著感受那道光的上部直達宇宙的前方，下部則延伸到地球的中心為止。

5 接下來，不斷擴大那道光束，一直大到讓自己覺得很舒暢為止。即便是讓那道光束的寬度遠遠大過身體也可以。

6 若能想像光束變得像一棵大樹那樣包裹住全身，接著就慢慢回復到合身的大小，然後結束練習。

七種脈輪與顏色

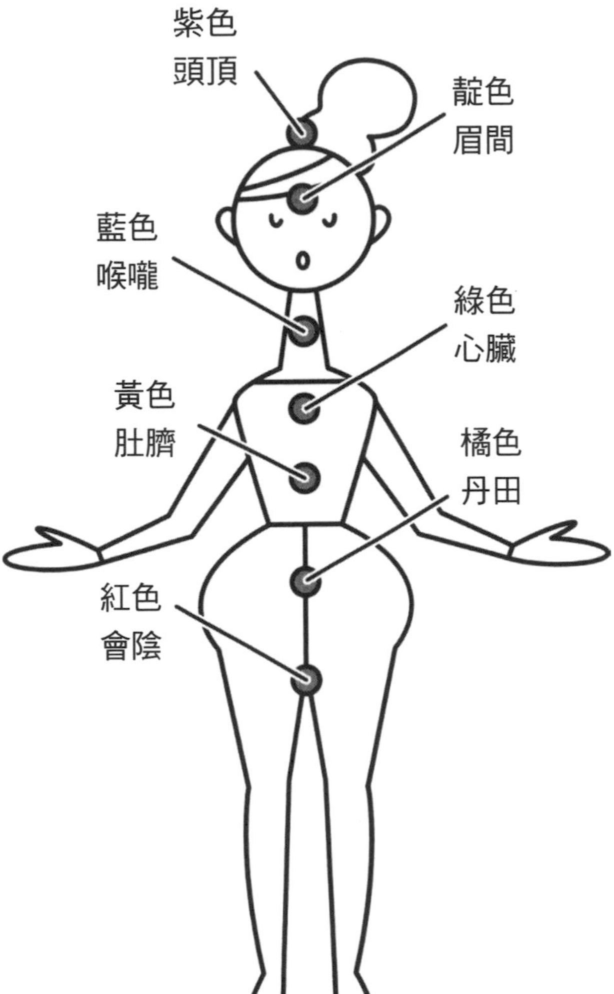

第3章

利用高頻接收用之不盡的富足【金錢篇】

你會愈來愈富足——關於金錢的能量法則

你是否曾聽過「金錢是能量」這句話？

「金錢是能量」這句話若從能量的觀點來看，是真的。因為這個世界上所有的事物都是由基本粒子構成，而金錢也毫無例外是其中之一。

正因為「金錢是能量」，我們才能在現實中金錢的主題上，活用此前說到過的能量與頻率機制。

「使用了能量與頻率的機制，收入增加了！」「有了臨時收入！」像這樣的實際例子真的有很多。

若舉實際的例子出來，就會像第一章中所提到過的，諮詢者A先生留心於強力地射出能量，結果收入變成原本的十倍。

此外，我自己也是在強力放射出能量的日子中，透過臨時收入，獲得了為數頗豐的金錢。

就像這樣，若能正確使用能量與頻率，就能讓現實變得豐盛。

「什麼！真的嗎？」或許大家會覺得這聽起來像夢話，但請放心。

在本章中，我會加進練習，詳細解說獲得豐盛的方法。

說起來，我們一般在日常中，都會在無意識中給金錢加上各種各樣的意義。或許對金錢賦予的意義會因人而有很多的個別差異。

例如若有人會大聲宣言：「我喜歡錢！」或許也就有人會在心中想著：「金錢是汙穢的。」

此外也有例子是「很喜歡金錢，碰到要付錢時就會湧現出恐懼心」。

有一種法則是**「基本粒子是透過觀測而出現在現實中的」**。完全就像是我們在無意識中把金錢看成「就是這種東西」，然後金錢就像那樣流動了起來一樣。

我首先會告訴大家，檢測你現在對金錢所擁有的既定概念的練習。

自己是如何看待金錢的？或許也是有人此前從沒想過這點。自己是如何掌握金錢、如何開創現實的？請試著確認看看吧。

金錢的練習①　了解對金錢的既定觀念練習

這個練習是作為變得豐盛的前置階段、確認自己現在狀態用的。你對金錢有著什麼樣的印象、會放射出什麼樣的頻率呢？

1　試著實際把錢拿在手上，看看在你心裡會湧現出什麼樣的感覺。此外，試著想像獲得錢的感覺吧。

對我來說，有錢時的感覺是……

例）喜歡／漂亮／可愛／輕快／愛／舒暢／美麗／幸福／恐懼／沉重／不安。

2 試著寫下平時對金錢有什麼想法。

我平時對金錢的想法是……

3 試著寫下付錢時有什麼想法。

我在付錢時所感受到的是……

因為弄清楚對金錢的各種看法，對金錢的恐懼心就會消失，而且應該就會知道自己對金錢有著如下的既定概念，像是：

- 原來我很怕付帳啊。
- 我對金錢本身沒什麼好印象啊。
- 其實意外地，什麼問題都沒有啊。

即便完全都是金錢的問題，察覺到在哪個部分有著不喜歡的既定觀念、在哪個部分放出了低頻，這些都是能變成富足的第一步。因為依著在哪個部分有對金錢不喜歡的既定觀念，採取的方法就會不同。

如果利用這個練習察覺到了有不喜歡的既定觀念時，希望大家可以進行本章中的各式練習。這麼一來，就能改寫你對金錢所擁有的既定觀念，現實就會朝富饒的方向轉變。

同時，在進行完本章所有的練習後，再做一次這個「金錢的練習①」，請試著檢查一下自己對金錢的既定概念。

在你心中，一定會出現好的變化。

接下來就開始以能量為基礎的「看待金錢的方式」教程。一起來打開在你心中沉睡的豐饒大門吧！

若是利用高頻「支付了金錢」，就會擴大返還！

進行了「金錢的練習①」後，很多人會察覺到，自己對金錢不出以下兩種感覺：

・以「安心」為基礎的肯定式感受。

・以「不安」為基礎的否定式感受。

尤其心懷「不安」的人，很多例子都是雖喜歡金錢本身，但在付錢時都會感到「不安」，有著「害怕金錢減少了」的感受。

像這樣在自己心中對金錢有著「安心」與「不安」兩種心情時，會因情感的震幅大而交互放射出高頻與低頻。

結果導致頻率無法維持在高的狀態，難以開創出安定且富足的現實。

其實，你在感受到對金錢有著「不安」感時，並非是因為對金錢本身的不安而有了低頻。不過是你本就擁有的「不安」這個情感的頻率附著在金錢上罷了。

那是對某些東西會失去、毀壞的恐懼。

而這些就反應在了金錢上……。這就是「金錢障礙」的真面目。

因此，其實並非是金錢本身有問題。**而是金錢順著自己所擁有的低頻，難以引起好的循環。這就是無法獲得豐盛時所出現的能量法則。**

首先要察覺，在自己心中所有的「不安」這種情感的頻率反應在了金錢上。這點在要獲得富饒時非常重要。

同時還有另一個有關富饒的重要頻率機制。

你之所以在付錢時會感到恐懼，最大的一個原因是深信著那是「給予、失去」這個錯誤的既定觀念。

頻率的機制就是自己放出的頻率會在現實中具現化，亦即，**「給出去的東西會直接返還給自己」**。

因此，你在「不安」中拿出金錢時，就會接受到「不安」這樣的現實。反過來說，「安心」地拿出錢時，安心就會確實地在現實中返還到自己身上。

你所放射出的頻率會出現在現實中並返還到自己身上。只要知道這是能量世界的規則，你的頻率就會大為改變。

即便如此，若還是放出了對金錢感到「不安」的低頻，這時候首先請進行第二章提到過的「清算練習」，貼近並接受感受到「不安」的自己。只要這樣做，你的頻率就會升高。

此外，若有人是唯有在無論如何都必須支付金錢時才會放射出來自「不安」的情感低頻，請試著進行後面會提到的「金錢的練習②」。

我自己以前也很常在支付金錢時緊張不安。錢一直在減少了，怎麼辦……我因為帶著這樣的想法在使用金錢，就創造出了負面消極的現實。

可是自理解了能量的規則後，將自己調整成了高頻，然後試著習慣去支付金錢。

自從我能心情舒暢地想著：「錢財啊～您慢走！要為大家的幸福助上一臂之力喔。」來付出金錢後，反而不斷增加獲得的金錢了。

如同你所放射出的頻率一樣，金錢為你動了起來。

我們正具備有創造出那樣豐盛現實的力量。

能變幸福的能量重點

◆並非金錢本身有問題，而是通過金錢放射出的自己的頻率創造出了現實。

◆只要你擁有高頻的情緒並在這樣的狀態下付錢，豐盛就會確實返還到你身上。

金錢的練習②　支付金錢時，放射出高頻的練習

這個練習可以用在支付金錢時放射出「不安或恐懼」這種低頻的時候。要提高自己的頻率才能支付金錢。

1 支付金錢的時候，若心中湧現「不安或恐懼心」，就試著唸誦以下的話語吧。

「這些錢能讓大家都變幸福。謝謝。」

不僅是金錢，也要對產生出金錢的「零點場」表示感謝。

那時候，如果有時間，請想像著：付出的金錢會不斷在社會中循環，與某人的幸福緊緊相連……然後試著感受一下安心的感覺。

2 如果須要馬上支付金錢，只要在心中大聲說：「所謂的金錢，不過是愛的循環的道具。大家都因為這些錢而變幸福了，謝謝。」並支付金錢就可以了。

只要檢測一下「想要金錢」時的頻率，吸引力就會提升！

要是能獲得更多錢就好了。

真是期待過上富足的生活啊。

在每天的生活中，會出現這樣的念頭應該真的是滿常見的。

但理所當然「想要金錢」的想法，在頻率的機制中有時反而會有反效果的作用。

我們想著「真想要金錢」時的動機頻率＝「錢不夠」，因著這種缺乏感所形成的低頻會形成現實。

這個機制在心理學以及潛意識等的領域中已經成為定論，想著「想要錢」的時候，就會創造出「沒錢」的現實。

錢與頻率是兩個完全不同的東西。因為金錢緊貼在了你心中所有的匱乏感這個低頻上，所以才一直創造出錢不夠的現實。

此外，只要是「錢不夠」時，是不是就莫名地會想買一堆東西呢？有著強烈的「不夠」這種匱乏感時，就會出現「將不安掩埋在外部某處」這種反應，很多時候都會過度使用金錢以掩埋不安。

所謂頻率的機制，就是自己所放射出的頻率會創造出現實的機制。因此，若是因為匱乏感而購物，就會產生出「莫名感到不夠」的匱乏感現實。

說明得簡單些就是，我們強烈地想著「想要錢」時，就會出現如下的循環：

有「不夠」的匱乏感。

↓

因此，為了想掩埋「匱乏感」而想要獲得過多的某些東西

↓

放射出了匱乏感這種低頻，所以又創造出了「莫名感到不夠」的現實。

↓

更加強化了「不夠」的匱乏念頭。

來自匱乏感的「想要、想要」停不下來，這件事在與金錢相關的主題中會是個問題。

如果在你心中像這樣，「不夠」的念頭很強烈時，是很難看到「現今已有之物」的。可是即便困難，**透過察覺到自己所擁有的東西，心懷「現在已經有了」的安心感，就能創造出豐盛的現實。**

當然，即便處在滿意於現今非常豐盛的狀態中，也是會湧現出「想要更多」的情感。這時候，覺得「想要」的情況，與因為「匱乏感」而覺得「想要」的狀態，在「動機」上有很大的差別。

「動機」是「匱乏感」還是「安心感」，吸引而來的未來會有很大的不同。

・有「匱乏感」為基礎的「想要」難以實現。
・有「安心感」為基礎的「想要」會實現。

可以記住這點。

重要的是「動機」的頻率。請注意這個頻率是怎樣的基礎。

強烈放射出「匱乏感」頻率的人，會一點一滴改變看待現實的方式，所以放射出

「安心感」的頻率就很重要。

因此，透過感受到「其實我的周遭都備齊了自己需要的東西」這種「已經有了」的感覺，「匱乏感」就會消失，就能得到「安心感」。

要從「匱乏感」的頻率轉變到「安心感」的頻率，首先要試著進行第二章的「清算練習」以及「療癒的練習①②」，請將自己的低頻轉變成為高頻喔。

若有人即便如此仍無法消除「匱乏感」，就請試著進行之後會提到的「金錢的練習③」。這個練習是放下「想要」的「匱乏感」，落實「安心感」的練習。

就像這樣，強烈留存在你心中的「匱乏感」頻率消失，並察覺到自己是被許多「有」的世界所包圍著時，在你的現實中就會處處充滿了豐盛。

能變幸福的能量重點

◆想著「好想要錢」的時候，確認是因為「匱乏感」才那麼想的，還是因為「安心感」才那麼想的。

◆你察覺到「自己已經有著許多豐盛」時，豐盛就會來到。

金錢的練習③ 將對於豐盛的匱乏感轉變成安心的練習

這個練習推薦給要將「沒有」這種「匱乏感」轉變成「安心感」的人。

1 一開始，請試著在紙張或便條上寫下「認為自己有的東西」。像是家、食物、朋友、家人、衣服……等，試著盡量寫出想到的東西。

2 請試著看著寫出的東西，並將注意力轉向當時所感受到的感覺上。湧現出鬆了一口氣的人就試著一點一滴去感受那感覺。現在對「有了」期望的東西，心懷感謝吧。這就是變成了「有」的安心感頻率。因為感受了那樣的感覺，就會不斷在世界中放射出「有」的頻率波動。

3　如果什麼都沒感覺到，請試著寫出感覺到「沒有」的情況。沒錢、沒家人、沒朋友……就像這樣。邊看著寫出的東西，試著感受湧現出什麼樣的感覺。若「沒有」時比較安心，就是「『沒有』讓心情舒暢」。這就是現在你心靈平穩的狀態。不要勉強「去感覺到有吧」，請盡力去感受「沒有狀態」的安心。

※因為透過對「沒有狀態」感到安心，才終於能自由挑選想體驗「有」的世界。

4　接著，不論是「有」還是「沒有」，若能感到安心，就會變成高頻的狀態。在這個狀態下，就把注意力放在「真正想變成怎樣呢？」的期望方向，試著一點一滴練習去感受「有」。再次寫出「覺得自己有的東西」，試著去觀察感受方式的變化吧。請不斷重複練習①～③。

即便不改變你自己的頻率，也能調整成富饒頻率的祕密！

透過到目前為止的練習，在看著「金錢」時所出現的頻率有一點一滴變化了吧。

即便如此，還是難以消除掉對金錢的低頻念頭吧。

針對有這想法的人，有個方法是**「改變金錢本身的頻率」**，而非「改變自己」。

這個「改變金錢本身的頻率」方法，是推薦給對金錢有抵抗感、難以改變自己的人的祕技！

請聽我說說我自己關於金錢的故事。

我以前也曾是對金錢有強烈抵抗感的人。我一生下來，在金錢面上就多受有限制，所以將「金錢是很恐怖的」這樣偏差的既定觀念貼在自己身上，度過了一段很長的時期。

可是這樣的我在進行個人創業時，思考過該怎麼才能放下對金錢的負面既定觀念？該怎麼才能過上富饒的生活……？

而在想到有關能量法則時，我接收到了一個靈感。

我察覺到，面對富饒有根深蒂固的抵抗感時，不要只是改變自己的頻率，只要提升「錢包或紙鈔」這類物體本身的頻率就好！

因此，我每天都用會放出高頻的「麻」這種植物所做成的和紙，仔細擦拭放在錢包中的紙鈔。然後將擦拭過的紙鈔，堆疊在我經常會看到的地方。

此外，我也會用那樣的和紙撫摸著錢包，或是做出錢包用的床，有時則會一起睡……（笑），總之就是試著滿懷愛意的對待它。

自從養成了這個習慣，我的工作邀約就不斷，沒過多久，收入就上升到幾倍之多。

以下再次從波動與頻率的機制來解說一次我現在所說的事：

・無論如何都難以改變自己頻率時，就改變金錢本身的頻率。實際上，透過那樣做，不僅是金錢本身的頻率，也能除去對金錢所持有的偏差「既定觀念」，自己的頻率就會改變。

・還有將錢包與紙鈔等，放在自己經常能看到的地方。這也是在活用基本粒子的機制──「觀察的東西會出現在世界中」這個理論。關注的東西，一定會出現在自己的世界中。

就像這樣，因著提高金錢本身的頻率，就能不斷將「金錢很美麗」「我的世界中確實有金錢存在」這樣肯定的想像輸入進自己腦中。

而藉由對金錢放射出肯定的高頻，金錢就會出現在你的世界中了。

如果你「怎樣都消除不了對金錢懷有低頻的想法……」「怎樣都無法改變自己」時，請試著去做接下來的練習。實際上，很多人因為進行了「提高金錢本身頻率的練習」，就輕鬆地變富饒了，請務必試試看喔。

能變幸福的能量重點

◆透過對金錢放出肯定的高頻，金錢就會出現在你的世界中。

◆無法消除對金錢的低頻想法時，就提高「金錢本身的頻率」。

金錢的練習④　能提高金錢本身頻率的快速淨化練習

用於難以改變對金錢的低頻想法時。
能夠提高金錢本身的頻率。
此外，不止是紙鈔，也能活用在錢包或信用卡上。

1　左手拿紙鈔，用右手手指在紙鈔上向左轉圈。此時請想像被沉重的黑色能量捉住捆起來的感覺。

2　將抓住的能量朝向頭上（宇宙）放手一丟，並大聲說出：「紙鈔變乾淨了。」

3　最後想像從右手發出閃亮的金光，實際用手包覆住紙鈔。可以就這樣把變乾淨的紙鈔放進錢包中，也建議放到自己會看到的地方。

金錢的練習

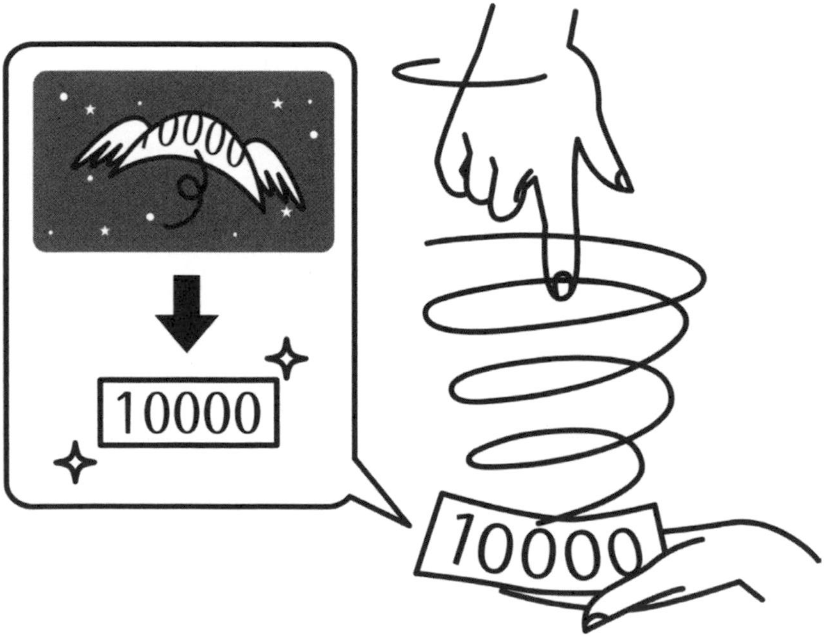

只要前往充滿豐饒頻率的地方，就能簡單地變富裕起來！

即便進行了到目前為止所介紹過的練習，卻仍然無法消除「沒有」這種想法的人，我要介紹另一種使用頻率機制的祕技。

那就是去到充滿富饒頻率的地方，將自己的頻率調整成富饒頻率數的方法。

頻率有種性質是，會從高頻浸透、傳遞到低頻。因此，只要去到了滿溢著富饒頻率的地方，就能將自己心中所有的低頻改寫成是高頻。

要說起對日本人來說很熟悉，且有著富饒高頻這種基本粒子密度很高的地方是哪裡呢？那就是神社等神聖的場所。

神社原本就不是被打造成高頻場所的，是因為人們「祈願」的力量，才聚集起具有更高頻的基本粒子。

去到神社參拜後，之所以有很多人都「實現了願望」，都是託了有著高頻、基本粒子容易具現化的性質。在有著高頻基本粒子聚集的地方，會因為祈願著：「希望讓所願皆成。」而立刻朝向現實具現化。

但或許有人會想，神社中聚集了各種人們的想法，因而也會受到負面消極頻率的影響。

因此，希望各位去神社等神聖的地方時，要想著：「讓自己合於豐盛這類高頻。」

透過像這樣做好計畫，我們就能調整成較高的頻率。

當然其中也有人的體質與神社不合的，或是因為宗教關係而與其他場所較合。只要試著去到適合你「莊重祈禱的地方」即可。

那麼，實際去到滿溢著富饒之氣的神社時，不要只在那裡許願，請試著悠閒地待在該神社的腹地內，花點時間讓自己的頻率與神社的頻率融為一體。

此外，要如何增加更多的「豐饒」呢？湧現出以上疑問的時候也是，只要和該神社的頻率融合後再來想，就能浮現出至今沒想到的建議。

像這樣不是使用我們自己的力量，而是透過借用場所頻率的力量，就能和超過自己力量的高頻相合。

此外，不僅是場所，試著去參加有許多富裕人士的集會，也是一個有效提高自己頻率的方法。

透過實際與獲得富足的人接觸，就能讓該人所放出的頻率與自己的頻率共鳴。同時，即便是難以直接和富裕的人扯上關係，試著去稍微高級一點的飯店休息室等，自己也能將飄散在該空間中富饒與舒服的頻率攝入進來。

與放射出更高頻的場所或人接觸，是非常簡單就能將自己提高到富饒頻率的方法。只靠自己的力量難以提高頻率的人，請試試看吧。

最後，我要來介紹一下讓自己的頻率與場所頻率同步的練習。到充滿高頻的場所時，請務必試著進行看看喔。

能變幸福的能量重點

◆藉由實際去接觸有著富饒頻率的場所與人，就能簡單提高頻率。

金錢的練習⑤　讓自己與富裕能量同調的練習

這個練習可以在想讓自己的頻率與富裕的頻率共鳴時使用。

前往「神社」或是「漂亮飯店」等充斥著絕佳頻率的地方，並試著進行這個練習。

1 前往能感受到「充斥著豐盛能量」的地方，在那裡緩慢地深呼吸。

2 現在，試著想像你所處的場所是在空間中充滿著黃金般閃耀的能量。每次深呼吸時，都會把那個黃金能量吸進身體中。

3 請試著持續想像一陣子自己的身體和這個地方閃耀著相同的黃金色光芒。若感受到能量已經充分浸透了就結束練習。

只要將愛這個最高的頻率放射到全世界，就會引來爆炸性的吸引力！

因為不斷提高頻率，你的生活中將充斥著豐饒。

完成了豐盛的基台後，在覺得「真想過過看更為豐盛的生活啊！」時，有個頻率的機制希望大家可以活用。

該機制就是向世界放射出**「無條件的愛」**這個最高頻時，富饒與機會就會到來。

我將分享一位熟人的故事，做為容易理解的舉例。他透過將「無條件的愛」的高頻放射到世界，獲得了極大的豐盛。

以前，我有一位非常富裕的熟人會將工作所得的數百萬日幣金額全都捐獻給自然保護團體。結果此前一直賣不掉的所有物件突然間就都賣掉了，那名熟人在幾週後就獲得了數千萬的錢。

這名熟人在做的，就是透過捐獻，將「無條件的愛」這個高頻給予社會全體。因此幾週後，他瞬間就獲得了合於那個高頻的富饒。

我自己也曾體驗過這種「無條件的愛」的奇蹟力量。以前曾有一間神社在震災中倒塌了。我非常喜歡那間神社，所以為了復興神社而舉辦過慈善活動。

然後將透過那場活動所獲得的金錢捐給神社，作為復興之用。結果在那之後，我的工作就昌盛興旺，甚至還出版了書。不只是我，其實真的還有很多人參加神社復興的募捐，之後變得富饒的。

關於這種事，我再從稍微能簡單了解的頻率觀點來解說。

你所放射出的能量，通常會影響到距離你較近的事物，越遠，影響就越薄弱。

可是，利用社會貢獻或捐款這樣的形式，就能因為透過放射出「無條件的愛」這個高頻到社會上的廣泛範圍，而使巨大的能量動起來。

而這樣的**巨大高頻能量，會以許多的豐饒或機會等形式，出現在你的現實中**。

想試著產生出更大的豐饒舞台時，務必要體驗看看這個「無條件的愛」的力量。

如果難以一下子捐款大筆金額，或許也可以試著把錢給予在自己心中能無條件愛著的人。

例如，大家有沒有聽過一種說法，只要生了孩子，那個家的收入就會增加了。

只要能不惜金錢地將之花用在像是自己孩子那樣能無條件把愛灌注給他的人身上，就能確實獲得同等的富饒。

心愛的孩子、朋友、戀人……以及為了對社會做出貢獻而使用金錢時所放出的高頻，一定會返還給你。

那就是在想獲得超乎自己想像的富饒時，希望大家能意識到的能量法則。

能變幸福的能量重點

◆想獲得極大的豐盛時，就試著放出「無條件的愛」這類高頻。

第4章

抓住幸福未來的頻率，獲得期望工作的方法

【工作篇】

此後時代的標準「直覺式」工作風格是什麼？

你現在對於「工作」有著什麼樣的想法呢？

雖概括為一句「工作」，但因人而異，會有各式各樣的煩惱。

有人喜歡工作本身，卻煩惱著與人之間的關係，又或者是有很多人都會煩惱著，對自己而言，真正有去做的價值的工作又是什麼呢？

尤其是從二〇二〇年起，因著新型冠狀病毒的影響，應該有很多人的工作風格也大有轉變了。

接下來的時代，不是使用思考或技巧工作的時代。

時代會開始完全轉變成利用能看透你全部力量——接受來自存在於自己內在的「如神般的力量」或與「未來自己」相連的刺激——這種史無前例的「直覺式」工作風格。

因此我們必須要使用比現在更多的頻率機制去做工作。

在本章中，我將要來說明成為接下來世代標準的「直覺式」工作風格實踐法。

只要提高你的頻率，就能有通往美好未來的可能性！

近幾年是時代的一大轉換期，我想會有很多人在最近幾年換工作。可是即便換了工作，也還是會迷惑著該選什麼樣的工作吧。

關於該如何解決這樣「換工作」的煩惱，我將告訴大家利用頻率機制追尋夢想的方法。

在這前所未有的時代中，引領各位進入新工作的，並非各位此前的經驗。

而是從**「存在於當下這個瞬間的未來自己」**獲得建議，從事理想的工作。那就是接下來要選擇新工作的方法。

那麼該怎麼做才能與從事理想工作的「未來自己」有所連結呢？

方法就是**訪問已經在從事期望工作的「未來自己」，然後遵循他的建議去行動**。

在此，再複習一次關於構成我們的基本粒子機制。

基本粒子有著「多世界相互作用理論」……亦即我們在第一章中就說過的平行世

界這個機制。若是針對這個平行世界做簡單易懂的說明，就是「在當下的這個瞬間，是同時存在於過去與未來，並且有無數個存在於各種狀態下的自己」。

例如，在這個瞬間中，若有個「未來的自己」從事於「這分工作的待遇很優渥！」的工作，就也會存在著覺得「這職場馬馬虎虎」的「未來的自己」。其中或許也有一個「未來的自己」是一直想著「想辭職」，但仍持續著現今工作的。

就像這樣，即便「未來的自己」有無限個存在，我們也要去訪問從事真正期望的工作、過著幸福人生的自己。

這對於你在使用頻率的機制以「換跑道」到理想的工作去是必須的。

那麼，該怎麼做才能訪問到從事理想工作的「未來自己」呢？

那個方法就是提高你自己的頻率。

要說這才是唯一的方法也不為過。

因為**你在面對無限存在的「未來的自己」**時，要說怎麼才能訪問到理想中未來的**自己，只要利用一個能量法則就能做到，那就是去到「現今的你所放射出的頻率領域中」這個能量法則**。

也就是說，若你處在低頻狀態，就只能訪問到低頻領域的「未來的自己」。可是，你處在高頻狀態時，就能訪問到高頻領域的「未來自己」。

以下我要來介紹一下關於這個「因自己頻率而改變未來自己的可能性」的事例。

此前，我接受的諮詢例子中，來訪的一位諮詢者有著「討厭之前的工作而辭了職，卻又來到了相同環境的職場工作」的煩惱。

在像這樣的例子中，首先，幾乎所有人都是處在放射出「因為討厭，想辭職！」

這樣否定式的低頻狀態中而去找新工作。可是，找工作時，若是放射出低頻，即便想著「這分工作看起來不錯呢」而選擇了新工作，仍會在相同職場中工作……之中就有這種能量法則在運作著。

針對這類例子的人，希望大家做一個練習——換工作前，在現今工作的職場環境中提高自己的頻率。

例如，自己為什麼想創造這個職場的環境呢？希望大家仔細重新觀察造成這原因的頻率。然後在調整好低頻後，想著：「在這個職場工作真是太好了。」「真的學到了很多，而且也很受照顧……」花多點時間放出高頻。

這麼一來，就像被那高頻所吸引般，有很多人都能獲得新工作的資訊，得以轉職到理想的職場。

就像這個例子一樣，你想著要換新工作時，希望大家先知道

- 處在高頻狀態下能連通到「未來自己」的可能性
- 處在低頻狀態下能連通到「未來自己」的可能性

這兩者是會連通到完全不同可能性的。

「只要你的頻率提高了，就能連通到與之相合未來的可能性。」

這就是通達至從事理想工作的「未來的自己」的祕訣。

能變幸福的能量重點

- ◆想著要換工作時，首先要提高自己的頻率。
- ◆因著提高了頻率，就能通達到美好的「未來的自己」。

接收來自「未來的自己」的訊息，從事理想工作的方法

那麼能夠通達到美好「未來的自己」的可能性的你，接下來又該怎麼前進呢？接下來我會來說明更詳細的過程。

其實我們經常會收到來自「未來的自己」所送來「你要從事期望的工作，最好朝這裡前進喔！」的訊息。

而接收這分來自「未來的自己」的訊息，朝向那個方向前進，對接下來時代的

「直覺性」工作風格來說才是必要的。

要能收到來自「未來的自己」的訊息，首先你要處在放輕鬆、容易接收到「未來的自己」的訊息的狀態下。

例如，浸泡在溫泉中放空時，有沒有過突然浮現出能解決煩惱的建議呢？就像這樣，你「呼——」地鬆懈下來時，腦波就會變成容易捕捉到來自「未來的自己」的訊息的 θ 波狀態。

如果你想要捕捉到來自「未來的自己」的訊息時，希望你在每天的生活中，可以試著多花些時間在冥想或放鬆上。

在各位之中，應該也有人是希望更快且獲得容易理解的訊息吧。這時候有個活用能量的機制、留心去接收到來自「未來的自己」的訊息的方法。

那個方法就是名之為**「實際去詢問未來的自己」**的方法。

基本粒子有一個性質是：「在當下這個瞬間同時存在著過去與未來。」

因此，在你想著「想要接收到來自未來自己對於下個工作的相關訊息」的同時，就會出現「朝這條路前進比較好唷」的「回答」，會出現超越時間概念的現象。

你要接收到來自期望「未來的自己」的訊息，就只要向「未來的自己」提問就好。然後靜靜地調整心情，仔細觀察平常發生的事吧。這麼一來，你就會以各種形式收到來自「未來的自己」發送給你所必須的訊息。你將會驚訝不已：「只要活用能量法則就好，這是多簡單的方法啊！」

那麼我將舉具體的例子來告訴大家，實際上，因著「向未來的自己提問」，可以使用哪種方法收到關於工作的訊息。

我有一位客戶C先生，他說想辭掉現在的工作改去做撰稿人的工作，但他不知道該怎麼開始撰稿人的工作。

因此，我建議C先生嘗試看看這個「向未來的自己提問」的方法。

結果那天夜裡，C先生向「未來的自己」傳達出「我要獲得能從事撰稿人工作的易懂訊息」這樣的訊息後就去睡覺了。

第二天，C先生偶然在看網路時，突然就冒出了能成為撰稿人的必要資訊。而他試著遵循資訊前進後，C先生立刻就能從事期望的撰稿人工作了。

你想要獲得來自「未來的自己」的訊息時，可以像C先生這樣，請試著在「當下這個瞬間」，處在信賴著有著「已經從事理想工作的未來自己」這個能量法則的狀態下，向「未來的自己」提問。結果對你來說，必要的資訊就會確實地出現在現實中。實際上要怎樣來提問呢？這點我會在「工作練習①」中做介紹，請各位試試看喔。

還有，只要像之前的C先生那樣，經常地和「未來的自己」接觸來度過每一天，不僅是換工作，在想要獲得工作上的好點子時，也容易從「已經結束那分工作的未來自己」那裡捕捉到靈感。

例如我在寫作這本書時，是處在讓意識與「已經完成這本書的自己」相合的狀態下去進行討論。結果就輕易地浮現出了關於「該寫什麼主題才好呢」的靈感。

若要問具體而言該怎麼從「未來的自己」那裡獲取訊息？每個人各自獲取訊息的方式都不相同。

既有像C先生那樣實際出現想要資訊的情況，也有像我這樣浮現出靈感的情況。此外也有情況是獲得某人的建議，或是以夢等的形式收到訊息的，還有透過共時性（偶然的一致）現象獲得訊息的情況。

不論是哪種形式，你向「未來自己」提問這件事，都一定會出現在現實。為此，你在提問後，請試著更留意一下發生在日常中的事。

能變幸福的能量重點

◆想獲得來自「未來的自己」的建議時，只要實際提問，就一定會收到答案。

◆遵從來自「未來的自己」的訊息而行動，是接下來時代中所必須的。

工作練習① 收到來自從事理想工作「未來的自己」的訊息的練習

這個練習可以在想要接收來自未來自己的訊息，順利進行換工作或工作時進行。

1 首先，試著想像一下你從事理想工作時的狀態。例如請試著想像一下「成為受歡迎的作家，而且很有餘裕地放鬆工作著的自己」這樣大致的狀態。想要工作上的建議時，試著想像一下已經在那分工作上順利進展的未來自己的模樣。

2 試著想像那種景象的自己就在頭頂上，而且從頭頂延伸出插頭來，然後試著將插頭插到「未來的自己」上。透過這樣做，與「未來的自己」的連通管道會變寬。而且關於自己想聽聞的事情，要如已經從「未來的自己」那裡接收了答案般，試著用完成式開始說。例如像是：「謝謝你告訴了我像你那樣可以找到理想工作的方法。」「謝謝你告訴了我工作順利的方法。」這時候請試著感覺「真的受教了，好開心、安心！」這樣的感受。

3 能感受到那樣的感覺後，請拔掉插向「未來自己」的插頭，回復到本來的狀態。

4 提問後，將之後想到的事或浮現出的點子記在筆記或紙條上。同時，當天一整天都請仔細留意、觀察看到的事物或人們對自己說的話。在一天的結束後，再看一次寫在筆記或紙條上的東西，請檢查有沒有相似的話語或條目。如果難以理解來自「未來的自己」所給出的訊息意思，再試著從1開始進行一遍。愈是練習，愈會提升準確度。

只要使用「調和法則」，工作就會變得昌盛起來

接下來，我想要講一下在現今自己的工作上想不斷提升成果時的頻率機制。

若是之前的時代，可能是在職場經過競爭、比別人更努力才能提升成果。

可是自二〇二〇年以後，我想建議大家別再使用先前的「勉強努力」成果提升法，而是改用頻率機制來提升成果的方法。

因為現在完全就是地球整體在提升頻率的時候，你所放射出的頻率會出現成為現實的速度將會更快速。

因此，要用我們的本質，也就是調和這個高頻為基礎來進行工作，而非此前的

「競爭意識」為基礎的工作方式。

因著這個方法，你的工作成果將能比此前更為提升。

例如，你先前多是想著「工作上一定不能輸給這個人或那個人」，在與同事相比較而工作。

若是以頻率的機制來看，其實我們是在放射出以沒有能力的「無價值感」為基礎的頻率。

結果，即便你想著：「我要比所有人都努力地來提升成果！」而奮鬥著，也會因為你放射出的頻率，而難以獲得比想像中更好的成果。

在接下來的時代中，若要提升工作成果，就要捨去「競爭意識」，進行與之相反的行動。也就是說，你自己要停止與職場同事的比較，重要的是要對自己持有肯定的想法。

具體來說，你自己必須要對正在工作的自己認可到「做得很好」。你會因為給予自己「自我包容」這樣的高頻，而使得在職場上放出的頻率轉變成高頻。

而當你確實建構好「自我包容」的基座，你就不會對同事們懷抱有「競爭意識」這樣的否定式情感，而是會想去考慮到公司整體的協調性發展。

面對職場同事，若能想著「這個人的這點真棒啊」並給出肯定的話語，就能放射出調和的高頻。

這麼一來，**因著你所放射出的高頻，不僅是你，連職場整體都會大有發展**。

將以自己為中心的「調和」這種高頻，放射給自己與職場上的其他人。

這才是首先能在職場提升成果的一個重點。

而且還有一個使用宇宙**「調和法則」**這個機制，以提升你工作成果的重點。

其重點是要確實掌握住你所負責的工作中，「擅長的工作」與「不擅長的工作」的部分，盡可能地在不擅長的工作上獲得同伴的幫忙。

或許也有人會想：「什麼？想提升成果卻把工作交給其他人？」

要使用宇宙的「調和法則」，最重要的是要藉助同職場伙伴的力量，打造出相互產生協調的環境，而非靠你自己的力量扛下所有工作。

在此，我想要來介紹一下諮商者J子小姐的故事。

J子小姐從事護理工作，負責照顧對自己來說有些「難相處」的病患。

J子小姐負責照顧那名患者持續了一陣子，但她在知道了宇宙的「調和法則」後，老實地在心中承認：「或許我不太擅長負責照顧這名患者。」

然後她心懷「我不擅長的工作，一定有其他人能代替我」的想法，持續工作著。

結果J子小姐只是在心中承認了「不擅長」，同職場的前輩就對她說：「我來代替妳負責照顧那名病患吧？」

J子小姐把不擅常的病患交給前輩後，就開始能充滿活力地工作，之後，J子小姐與前輩在職場上的評價都一起提升了，也加了薪。

就像這樣，對你來說的難處，也會有擅長處理那件事的人，可以代替你去做。也就是說，彼此是能相互合作的。相信宇宙是完美又調和的存在，正是在此後新時代中所必要的想法。

而若你想要和J子小姐一樣使用宇宙的「調和法則」，重點就在於老實面對自己「真不擅長」這樣真正的心情。

這時候，認真的人也許會責備自己：「認為不擅長的自己真是不可取。」不過要坦率地承認自己的心情，並不是要你去攻擊他人或自己，所以這點請放心。

只要像Ｊ子小姐那樣承認「不擅長」，周遭的人就會為自己動起來，若實際上有能拜託的人，請試著主動告知他們：「希望能幫忙我。」

此外，你自己也是，若同戰場的伙伴有感到困擾時，就要去協助對方。像這樣以你自己為調和中心的感覺去行動，對使用宇宙法則提升成果來說是很必須的。

我再次統整重點如下：

- **想著自己與對方的調和，肯定彼此。**
- **留心與同一戰場的伙伴相互幫忙，打造調和的環境。**

這兩個重點是在嶄新時代於工作上能提升成果的祕訣！

能變得幸福的能量重點

◆要提升工作的成果，就要肯定自己與戰場上的伙伴。
◆認可、肯定自己「不擅長」的部分時，宇宙的「調和法則」就會開始動起來。
◆與職場上的同伴一起相互幫忙，打造舒適的工作環境與你的成果相關連。

要在「人際關係」上引起良好的變化，就要正視壓抑著的情感

此前，在我進行的諮商中，工作上出現最多煩惱的，就是關於「職場內的人際關係相處不融洽」。

在一般公司中，一個職場上會有著各式各樣價值觀的人。公司是有很多機會讓你與擁有和自己本身頻率不同頻率的人共處的地方。

本來，身為能量體的我們生來就是會覺得與擁有相同頻率的人在一起時會感到舒服的。因此，待在像職場環境那樣有著各種不同頻率的人的空間時，關於彼此的關係性，容易產生出不協調的聲音來也很自然。

關於像這樣職場內「人際關係」的問題，我會一邊介紹諮商者的例子，一邊說明該如何進行改善。

首先，在工作的場所一定就是會有你不喜歡的人、難免會介意的情況。若是一般人的想法，像是碰到這種情況時，幾乎都會想著「我有不喜歡的人」，想分開「自己」與「不喜歡的人」。

可是，誠如此前告訴過大家的頻率機制，若你會介意職場中有不喜歡的人，就要想著：「是自己內在和那不喜歡的人有著共通的頻率，才會創造出與那個人之間的關連。」

「什麼？這是什麼意思？」在此，我要介紹兩個例子。

以前，有位R子小姐煩惱於職場內的「人際關係」而來找我諮商。

R子小姐本就對自己很是嚴厲，有著強烈的既定觀念：「一定要比同一戰場上的其他人更優秀。」

而因為「一定要更努力」的想法，她持續對自己放射出「攻擊性」的低頻。

結果，她被職場內嚴厲的上司給盯上、斥責，還跟顧客之間起了糾紛……不斷地碰上這些事情。

就像這樣，R子小姐只是對自己有著嚴厲的想法，結果就放射出了「攻擊性」的低頻。

最後，就開創了以下的的現實——與擁有「攻擊性」這類同樣低頻的上司與顧客有了牽連……。

因此，我建議R子小姐：「在這一個星期內，不要用否定的方式看待自己，請對自己說肯定的話。」例如即便是認為不該稱讚自己的地方，也要多多去說出肯定式的話語，像是：「我今天也很努力工作呢」「我真的是很了不起呢」。

結果，在R子小姐身上就不斷出現了神奇的事。

首先是一直對R子小姐很嚴厲的上司突然增加了讚揚她的次數。而且她與客戶之間的關係也朝好的方向改善，糾紛也一下子就沒了。

R子小姐一直想著「只要自己一個人努力就好」的去工作，但她察覺到，這樣會帶來反效果，透過改善放射出低頻的習慣，情況就出現了戲劇化的轉變。

此外，或許也有人會有跟接下來要介紹到的M先生例子一樣，在職場上有著人際關係的煩惱。

M先生一直都很在意職場上的上司很嘮叨、易怒。他處在懷抱著「職場上有一直在生氣的人，令人感到不愉快」這種煩惱的狀態下前來找我諮商。

我在進行諮商時，有一瞬間還連帶感受到了M先生心中藏著的想法。我告訴M先生：「其實M先生你自己是不是也對什麼感到憤怒呢？」時，他大吃一驚。

實際上，M先生生活在一個複雜的家庭環境中，他因為想著「不可以對這種狀況生氣」而深深壓抑著「憤怒」的感受。

M先生自己想要壓抑住真正的心情，但對基本粒子這種肉眼看不到的能量來說，卻確實記錄下了「憤怒」這個資訊。

而因為M先生在無意識中放射出了那樣的頻率，就創造了與嘮叨、愛生氣的上司的聯繫。

因此我試著告訴M先生：「請試著仔細回顧目前為止的過去，感受囤積在自己心中的憤怒。」

過了一陣子，我試著再次詢問M先生，結果他回報給我欣喜的成果：

「為了放射出高頻，就不想去感受自己心中所有的憤怒這種負面情感。然而，若即便感到害怕也仍試著許可自己去感受憤怒時，真的就察覺到了有很多憤怒是被壓抑著的。不過，在察覺到自己真正的心情、試著練習感受憤怒的情緒後，再見到易怒的上司時，卻一點感覺都沒有了，而且那位上司也換了部門。」

就像這樣，若在你的心中有著「不可以〇〇」這樣壓抑的情感，就會產生出像M先生職場上的上司那樣，與表現出那分壓抑情緒的人扯上關係。

可是在能量的法則中，與這名職場上司的相遇正是讓你察覺到，你正因為「不可以〇〇」這樣的想法而在傷害自己，是「可以認可自己真正的心情喔」這分來自宇宙的禮物。

如果你處在像M先生這樣的情況中，為「人際關係」所困擾，希望你能接受擁有「不可以〇〇」這種想法的自己，試著去感受一下壓抑的情感。

關於該如何去感受情感，請試著去進行第二章介紹的「療癒的能量練習②」。

在職場內所出現的「人際關係」問題，幾乎都是像R子小姐或M先生那樣，**是因為自己本身放出了低頻，才引起了與擁有相同低頻對像間的相互聯繫**。

正因為這樣，關於「人際關係」，希望你能放射出高頻。這點真的很重要。

其中或許也有人是明明不想在意對方，但怎樣都會在意對方在意得不得了。

若是像這樣的情況，除了要接受對方與你自己有著相聯繫的共通頻率，還必須要確實切斷與對方能量間的連結。

能切斷對方與你本身能量連結的「能量切割」方法會在「工作練習②」中做介紹，請務必試著去做做看喔。

變幸福的能量重點

◆職場的「人際關係」可以透過調整你放射出的頻率來改善。

◆對自己嚴厲的人要持續澈底地認可自己。

◆察覺療癒自己壓抑的情感，有助改善人際關係。

◆若有無論如何都會介意的人時，就進行「能量切割」。

工作練習②

切斷與對方能量連結的「能量切割」練習

這個練習請活用在莫名就是會一直在意「特定人士」、想切斷與那人的連結時。

1 請處在閒適沉穩的狀態下，閉上眼睛放輕鬆。接著試著想像在你平常生活中一直很在意的人的模樣。

2 請試著想像在你與對方之間有條白色線路互相連結。然後在想像中，使用剪刀剪斷那個線路的正中間左右。將剪下來的線路，回收進那個人與你自己的身體中。

3 回收完線路後，將距離自己身體約二十公分切斷的部分，試著用金色的光芒，如要包裹住身體般做表面塗層。就像是放入一顆很大的蛋裡面那種感覺。在那樣的想像中，若能充分感受到被療癒就結束練習。

第5章

使用頻率力量體驗幸福戀愛的方法【伴侶關係篇】

只要知道想與伴侶間維持怎樣的關係，就會開始切換成希望的世界

你現在對於戀愛有什麼煩惱嗎？

「想遇見優秀的男朋友。」

「想和喜歡的人結婚。」

應該有很多人都會有交往或結婚的煩惱吧。

此外，已經結婚的人中，應該也有人會想著：

「想和現在的伴侶關係變得更好！」

你所放射出的能量有種性質是，會以你為中心，傳遞到距離近的人身上。因此與

對方距離相近的戀愛與結婚這類主題，會因為自身頻率的變化，而體驗到很大的改變。

我自己過去也因為調整了自己的頻率，而與丈夫間的關係出現了極大的改變。我想，這對於想打造出更美好伴侶關係的人來說應該可以做為參考，所以以下我將說一下自己的經歷。

剛結婚時，我很固執地對自己很嚴格，大多數時候都是採犧牲自我的觀念在生活。在抱持著這種想法生活時，丈夫也三不五時地會對我說些：「把家事做得更完美些吧。」這種話。

平常我都能和丈夫和睦相處，但吵架的內容卻幾乎總是一樣。也就是在「把家事做得更完美些吧」這點上。

可是我在學習關於頻率的機制時，突然察覺到了，「希望做得完美」這句話，是雙親從我幼兒時期起就一直對我說的話。

就像此前在頻率的機制中所學過的，對方要求自己做「不喜歡的事」時，其實就是自己在要求自己做「不喜歡的事」。在這次的事例中，我自己從小就擁有「在潛意識中否定無法將一切都做到完美的自己」這種習慣，而這習慣就顯現在了我與丈夫的相處中。

那時，來自負面情感的低頻，傳遞給了距離我最近的伴侶。結果就像是被那低頻吸引般，從伴侶的口中說出了我不喜歡的事。

尤其是我從幼兒時期就被雙親要求的「追求完美的經驗」，很多資訊都被保存在自己的基本粒子中，即便離開父母獨立，仍透過了伴侶顯現成為現實。

我察覺到這件事後，就停止了「傷害想以完美為目標的自己」。

不論是怎樣的我，本就都是完美的，而且做不到的部分可以相互幫忙地來生活。

我再次了解到了，這就是宇宙的**「調和的法則」**。

之後的每天，不論是自己的什麼事、不論丈夫說了什麼，我都會肯定、認可。而自從我對自己放射出肯定的「愛」這種高頻，丈夫也以「那樣就好唷」的肯定形式來對待我。

可是即便如此，有時我們仍會反覆著大吵然後重修舊好的循環。

若一直待在相同的環境中，有時就會重複相同的模式。而自己所放射出的低頻，就會顯現成痛苦的現實。若看到了那樣的現實，覺得「為什麼會出現這樣的現實啊！」時，就又會再放射出憤怒或悲傷的低頻……有許多例子都是陷入這種循環中的。基本粒子只要沒有「前往自己期望未來的意圖」，就會持續反覆開創出同樣的現實。

要停止這樣重複的模式改前往期望的世界，就必須讓現今自己的頻率與「期望中未來的自己」的頻率同步。

我自己也是在過著這重複每一天的日子中，突然萌生出**「擺脫因現今頻率而體驗到的現實，前往有著『期望中未來的自己』的次元去吧」**這樣的意識。

為此，就必須掌握住「期望中未來的自己」，究竟是怎樣過日子的。現今「吵架、重修舊好」的時間軸並非我的本意，我確實地看到了自己的真心，也就是「我是常保安心的，所有家人都很平穩的生活著」。

而要轉移至那個「期望中未來的自己」的世界，我進行了在第四章告訴過大家的練習——從「已經成為那模樣的未來的自己」獲取訊息。

結果我獲得了「要感情融洽，可以試著離家一陣子」這樣的靈感，於是我照著做了，試著離開家幾天。因為離開了家，我能去做許多新鮮的事，感覺到自己的頻率不斷提高了。

在那之後，我就減少了與丈夫間的爭執，能過上期望中「大家感情都很好，是幸福的一家人」這種日常了。

藉由像這樣**調整自己所放射出的頻率，讓「當下」與想成為的「未來的自己」的頻率一致，現實就真的會改變**。

以下試著重新再複習一次我所活用的頻率機制：

- 首先，察覺到最接近自己的人對待自己的方式，是由自己所放射出的頻率所創造出來的。
- 接著，提高自己的頻率，體貼自己、給自己愛。因著這樣，自己基本粒子的變化就會讓對方產生變化，「量子糾纏」這樣的機制就會運作起來。

- 理解到「自己真正期望著的與伴侶間的關係為何？」然後讓現今自己與「已經成為那樣的未來自己」的頻率同調。
- 從「已經變成那樣的未來自己」那裡接收靈感，透過實際去進行「試著離開家」來改變能量的流動。

經過這樣的歷程後，我感覺到是真的能打造出非常幸福的家庭環境。

讀到此的讀者們或許會想：「若是離開了家，老公不就不得不改變了嗎？」或許當然也是有這因素，但我想，重要的應該還是從低頻打造的世界改變成了高頻的世界。

要進行這樣的頻率轉換，不限於離開家，或者也可以去旅行，或是外食……。**試著去思考「若是已經處在期望世界中的自己，會採取什麼樣的行動呢？」然後以重視浮現出的靈感實際去行動。**

這就是生活在「和伴侶感情融洽地在一起」的期望世界中最重要的方法。

那麼接下來，我將要介紹實際可活用的各式例子以及關於戀愛的頻率機制囉！

能變得幸福的能量重點

◆與最親密的伴侶間的關係，會因為自己頻率的改變而出現戲劇性的變化。

◆認識了期望中與伴侶間的關係性，就會朝那個世界轉變。

伴侶是映照出你自身最重要的「鏡子」

要讓你與伴侶間的關係融洽，關於頻率的機制，有個很重要的點。

那就是愈是在與伴侶間的關係出問題時，愈是要認知到**「伴侶正是映照出自己頻率的鏡子」**，這點很重要。

我們身體上有會形成環狀能量的量子場（像是有很大的肥皂泡包裹住身體四周的感覺）。

而愈是接近這個環狀能量的人，接觸與重疊的部分就愈多（請試著想像透明肥皂泡泡重疊的模樣）。

伴侶關係是鏡子的關係

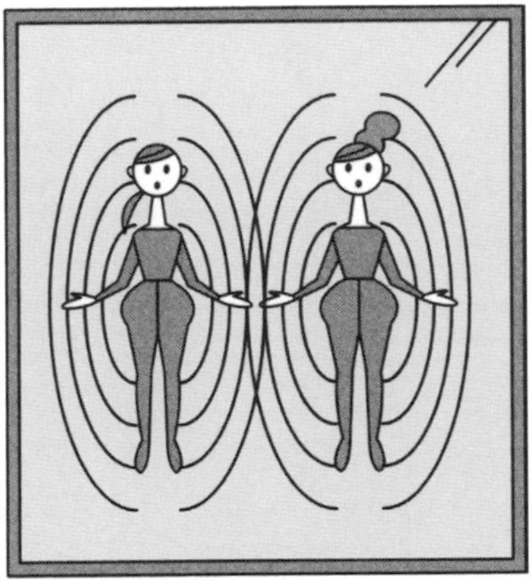

擁有相同情感、相同能量、相同思考並共享資訊的兩人是親密地結合為一的。

因此，伴侶與你的距離最近，他與你的環狀能量就會密切地互相重疊在一起。

而這個環狀能量是由許多的基本粒子所構成，記錄著你內在各式各樣的資訊。例如就像在基本粒子中，我記錄著對自己要求「完美主義」的想法，連同本人平時沒感受到的資訊，全都有記錄下來。

基本粒子有著「物質與反物質」這樣的法則。

這就像是潛意識與顯意識、男與女、光與暗那樣成對的存在，或「各種事情和現象是一定存在的」的法則。因此，深藏在自己內心中的各種想法，都會在與之有著深層能量連結的對方身上，如「鏡子」般映射出來。所以，接受「對方的問題是自己隱藏的想法」時，有時這個問題就會消失了。這就是基本粒子的「湮滅」現象。

在伴侶關係上有問題的人之中，有沒有人會說：「不知道為什麼，只有丈夫總是心情不好，最後都會爭執起來……」的呢？

這個「只有丈夫總是心情不好」是因為伴侶是處在與自己最近距離的人，所以成為了「鏡子」，反射出了否定自己的負面想法。可是，在對方身上看到自己隱藏著的負面想法在自己心中被統合時，糾葛就會消失，轉變成是愛這個最高的頻率。

而有時，與伴侶間出現的問題也會瞬間消滅。

只要這麼一想，會不會覺得伴侶關係的問題是為了調整自己頻率的絕佳禮物呢？

而如「鏡子」般讓你知道自己頻率這件事，是你要提高自己的頻率時，就一定會在與伴侶間的關係上出現的好變化。

又或是，無論如何就是與對方不合時，就會自動去換成更符合自己頻率的新伴侶。

以下我將更詳細介紹能構築美好伴侶關係的具體方法。

首先在與伴侶間的關係中發生某些問題時：

「與伴侶之間在哪部分有分歧呢？」
「不喜歡伴侶對自己說什麼話？」
「為什麼會起反應呢？」
「希望對方做什麼呢？」

試著使用「戀愛練習①」寫出這些部分吧。

然後除了要坦率接受寫出來的真心話，還要試著檢查一下自己有沒有懷有會放射出低頻的情感或想法，又或是有沒有把這些給予伴侶。

戀愛練習①　緩和與伴侶間關係的統合練習

請在想確認、改善與伴侶間關係時進行這個練習。

1　首先試著自由寫出對以下四個問題的感覺。

(1) 與伴侶之間在哪部分有分歧呢？

(2) 不喜歡伴侶對自己說什麼話？

(3) 為什麼會起反應呢？

(4) 希望對方做什麼呢？

2　針對第一項所寫出的答案，請試著確認是否在潛意識中對自己有負面的想法？希望對方做的事，對自己來說是做得到的嗎？關於討厭對方對自己所做的事，自己是否也對某人做過？然後將自己內在的負面情感昇華吧。

(1)與伴侶之間在哪部分有分歧呢？

例）希望對方對自己溫柔些，但對方卻不怎麼溫柔。

・是否對自己也「不溫柔」呢？

←

・意識到對自己「不怎麼溫柔」呢（接受自我）。

（是不是自我否定、讓自己覺得痛苦了呢？確認一下，並停止自我否定）

←

・是不是也同樣嚴厲地對待伴侶呢？

（確認是否有放射出攻擊性的低頻）

(2)不喜歡伴侶對自己說什麼話？

例）「把家事做得完美些」

・是否也對自己要求要「完美」？

←

・很努力地在做到「完美」呢（接受自我）

←

・是否也同樣要求伴侶「完美」？

(3) 為什麼會起反應呢？

例）明明很努力，卻感覺自己被否定了

・是不是自己對自己很嚴厲、否定了自己？

←

・希望努力的自己獲得肯定（接受自我）

↓

・是否有好好肯定對方呢？

(4) 希望對方做什麼呢？

例）希望能更稱讚自己

・自己曾稱讚過自己嗎？

↓

・想要被稱讚、被重視（接受自我）

↓

・是否有稱讚、重視對方？

只要這樣做，就能快速改善與伴侶間的關係。

此外，伴侶關係發生問題時，有些情況是自己有著強烈的要求，像是：「希望對方這樣做，或是那樣做。」因為是以「不足」為基礎放射出的低頻，對方當然不會有所改變。

像這樣的情況，除了要改變自己內在的低頻，也請試著留意自己也要做到想著「希望對方這樣做」的事。

進行練習的人之中，應該也有人會注意到：「奇怪？明明是伴侶關係，但重要的卻是自己對自己好、實現欲求？」

沒錯，關於伴侶關係，重要的是「在獲得對方的愛的頻率之前，要先給予自己愛的高頻」。

只要給予自己「愛」這樣的高頻，你的心中就會產生出餘裕，就能接受對方了。就從你開始不斷在現實中放射出能吸引人、有魅力的「愛」這個高頻吧。這麼一來，就能開創出「伴侶莫名愛你」的美好現實。

我還會再介紹一個能改善與伴侶間關係的能量練習，請合併進行喔！

能變幸福的能量重點

- ◆伴侶是映射出自己所隱藏起頻率的「鏡子」。
- ◆要改善伴侶關係，就要改善與自己之間的伴侶關係。
- ◆自己去實現希望對方「那樣做」的事。

戀愛練習② 透過看見伴侶心中的「愛」以提高頻率的練習

透過感受到伴侶心中的「愛」來改變與伴侶的接觸方式。此外，這個練習也能大為提升伴侶自身的安穩度。

1 在與伴侶共度的時光中（兩人分開時，試著想像伴侶在身邊的情景），將自己的視線朝向伴侶的胸口一帶。然後請想像從伴侶的胸口發出了粉紅色的光。浮現出粉紅色以外的顏色也可以，只要是自己感受到顏色就好。

2 在那個粉紅色光芒的能量中，包含著伴侶真正的心情。如果看到那個粉紅色光芒的能量時，有隨之傳來伴侶的心情，就請試著去感受它吧。即便只有模模糊糊的感受也可以。

3 在想像中不斷擴大伴侶所放射出的粉紅色光芒，並試著想像那道光擴大到像要把你自己包裹起來般。若「在伴侶心中，愛有這麼廣大啊」「我一直都是受到伴侶的愛所包圍著的」這些感受傳達到了你的心，讓你感受到溫暖的心情，就結束練習。

即便想要戀愛圓滿，若頻率沒有與對方的一致就難以達成

現在要來談談，雖然有喜歡的人，但現今仍無法戀愛圓滿的情況。

首先我想要來說一下我們在喜歡上某人時會出現的模式。

我們對某人心懷好感時，很多時候可以分成以下兩種模式：「為了填補什麼而對對方心懷戀慕的情況」，以及「彼此放射出的頻率共鳴而相互吸引的情況」。

這些情況，換句話說就是可以用「單戀對方的情況」，以及「彼此都覺得很愉快，愛著真實的對方的情況」來表現。

如果你現在是感受到「單戀著對方」的狀態，有件事希望你能確認一下。那就

是，你在想著喜歡的人時是放射出什麼樣的頻率呢？希望你試著確認一下這件事。

你「單戀著對方時」，就是會出現無可救藥地墜入情網的感受，執著於對方……。即便如此，你卻無法把那分心意告訴對方，導致關係進展得不順利。是不是會有這樣的情況呢？

此外，想要擺脫寂寞的心情，而且周遭的人都結婚了，所以就勉強……應該也有人是用這樣的心情，想著「來談戀愛吧」。

首先想要告訴大家的是，這樣的狀態並非「不好」。然而，處在這種狀態下時，你是釋放出以「不足」為基礎的低頻，所以就會創造與那頻率相合的現實。

我認為，正因為你想要和出色的伴侶結婚，才更希望你注意到「自己是對對方放射出了什麼樣的頻率呢？」

此外，你會對喜歡的人有所執著時，就是過於對對方「另眼相待」了。

在能量法則中，我們若想要與對方擁有良好的關係，重要的是自己與對方的頻率要是相同的。

但是，我們會因著覺得該人與他人相比好帥、好漂亮、「對喜歡的人另眼相待」，彼此頻率的高低就會出現不同。

「頻率的高低會出現不同是什麼意思？」為了有這疑問的讀者，我想來介紹一下我的經歷。

我過去也曾處在覺得「只有這個人是特別出色的！」而愛戀著某人的關係中，但這樣一來，不僅無法實現戀情，甚至即便交往了，最後也一定都會分手。

在宇宙的法則中有一個理論是，終有一天會和「另眼相待」的對方分開。因為在戀愛中，會把「另眼相待」的對方放到比自己還高的位置上，比平常更在意對方的心情，所以就容易過度緊張，或是因為不想被討厭就掩飾自己的心情。因此，即便對方放射出了好意的高頻，過去的我卻因為放出了低頻而無意識地遠離了圓滿的戀愛。

就像我本來就沒有對現今的丈夫有著「另眼相待」那樣，要和覺得好像和這個人在一起能自然相處、很輕鬆，能互相給出那種「安心」頻率的人在一起，才能歷經順利的交往後結婚。

這就是對對方「另眼相看」，還是「平等」以對的不同。

有一種能量的奇妙力量在運作著，那就是：對我們來說，因為有最喜歡的人，而想把那個人放在「特別」的位置上時，莫名地就只會和那個人的關係發展不順。

可是在伴侶關係中，結合兩人的是類似於「鏡子」那樣的關係。因此，你看著對方的「這個部分真出色」的原因，一定也是「你自己」所擁有的因子。

因此，當你察覺到「喜歡的人和我有著相同的部分」，並讓彼此頻率的高度相合，關係就會順利進展。

該如何讓頻率的高低相合呢？我會在「戀愛練習③」中介紹到這部分，請務必試著去做喔。

還有一點，與對方間關係進展不順時的頻率也是有機制的。

戀愛中，面對對方沒反應卻過於步步進逼時，就是在對對方放出過強的能量。

例如，用水管灌注又急又多的水量到某物體中時，那個物體就會飛得遠遠的。像這樣過於在意對方而放出過強的能量時，有時就會把對方給推得遠遠的。請務必要記住這點。

那麼要讓戀愛圓滿該怎麼做呢？

要讓戀愛圓滿，重要的不是在與對方交往後而放出「安心」的頻率，而是在當下的瞬間就給予自己「安心」的頻率。

給予自己「安心」的頻率就是，例如將渴望喜歡的人的心情使用在重視自己的方向上，或是靠自己去實現希望喜歡的人幫忙實現的願望……。

那就是在戀愛圓滿中最重要的事。

你滿足了自己、沉浸在「安心」的感覺中時，就會不斷放射出高頻。這麼一來，就會與高頻相合，莫名地受到許多人的喜愛。

但是若因此而想著「想被對方給喜歡！」而過分聚焦在他人身上、犧牲了自己，你的頻率又會再度回到低頻。

如此一來，最後對彼此來說，都會陷入不愉快的糟糕狀況中而分手……，因為會發生這種事，所以請注意喔。

希望對方理睬自己時，更要靠自己滿足自己，請試著給予自己「愛與安心的頻率」吧。

這個狀態正是站在戀愛圓滿起跑線上的狀態。

接著，像這樣與自己締結伴侶關係後，希望大家可以用輕鬆的心情去接觸喜歡的對象。此外，處在這個狀態下時，只要進行第二章的「創造現實的能量練習②」，對方的反應就會一點一滴出現變化。

最後，儘管已經調整了自己放出的頻率，對方卻無論如何都還是不理睬自己時，就是來自「未來的自己」的訊號：「還有其他人更適合你喔。」

不僅如此，**因著無法與喜歡的人結婚，對你而言，就是為迎來成為「無條件的愛」這個最高頻的機會。**

你成為了最高頻＝「無條件的愛」時，就能尊重對方真正的心意。

例如，即便對方的心意是：「現在有點不太適合交往……」，也能以對方的心意為優先、尊重對方。這是非常棒的。

像這樣能尊重、以對方的心情為優先時，就能吸引來高頻，宇宙一定會幫你準備好新的對象，所以請放心。

所謂幸福的戀愛，就是要先做到愛自己。

請使用這些頻率的機制，談場美好的戀愛吧。

能變幸福的能量重點

◆關於戀愛，就是要和與自己相同頻率的人相結合。

◆放下對對方的「另眼相待」時，戀愛就會圓滿。

◆你與自己結成伴侶關係，最愛自己時，戀愛就會圓滿。

戀愛練習③

透過停止「另眼相待」，與自己喜歡的人頻率高度相合的練習

透過放下對喜歡的人「另眼相待」的感情，就能與對方建構起對等的關係。有憧憬的人、想接近那個人時，也請試著做做看這個練習。

1 首先，對於無論如何都會「另眼相待」的人，試著寫出覺得他「哪部分」很棒。

例）很帥／溫柔／有療癒的力量……等。

2 試著觀察你自己本身所擁有與那原因相同的部分。

首先是關於之前寫出的部分，試著補充「我也有……的因子」。

例）帥氣…我有這個要素。

對於寫在這裡的事物，覺得「自己不這麼認為」的人，請試著寫出除此之外覺得

是自己優點的部分。重要的是，要扎根「不論是喜歡的人還是你自己都是同樣出色的」這種感覺。如果即便如此還是有人深陷「自我否定」，就請進行第二章的「清算練習」。

3　不僅你自己或喜歡的人，對身邊親近的朋友也是，請試著寫出同樣覺得很出色的部分。

4　看著寫出的條項時，你有什麼感覺呢？試著留意一下。
你是認為「不論是你、喜歡的人、不喜歡的人，還是朋友，大家都同樣出色」？還是覺得「只有喜歡的人特別出色」？請試著確認一下吧。

5　若還有著只對喜歡的人「另眼相待」的情感時，請試著寫出認為那是喜歡的人的缺點部分，然後凝神細看寫出的東西一段時間。

6 不論是你還是喜歡的人，都擁有著相同高度的頻率……若能一點一滴感受到這點就結束練習。

然後在與喜歡的人見面時，試著以「喜歡的人和自己都是一樣的」這樣輕鬆的心情去與對方相處吧。

戀愛練習④ 透過愛自己讓戀愛圓滿的自愛（self love）練習

這是為讓戀愛圓滿而能放出「安心」的頻率的練習。
透過改變能量的方向，就能緩和對對方的執著心。

1　試著寫出希望戀愛對象做的事。
例）希望對方肯定我的一切/希望對方以禮相待/想做做看○○等。

然後畫出自己與對方兩個人的畫，以及由自己發出箭頭指向對方的畫。那個會變成由自己給予對方的能量。

2　將朝向對方的箭頭方向轉向自己，針對向對方渴求的欲求，試著補充上「靠自己實現～這件事」。

3 然後一邊靠自己實現寫在2中的事，並試著在每天的生活中一直進行到「安心」的感覺變多了起來為止。

4 若減少了對對方的執著，就試著輕鬆地去邀約對方吧。

我好喜歡你！所以希望你也愛我。

我喜歡我自己！他也愛著我。

要選擇宇宙支援的相合對象，而非理想的對象

到目前為止，我們談過了有伴侶或是喜歡的人的情況，以下則要告訴尚未有戀愛對象的人如何吸引來出色邂逅的頻率機制。

想要遇見出色邂逅的人也要滿足自己，同時採取提高頻率的練習。因為只要你自己的頻率提高了，擁有相同頻率的人，就會確實出現在你面前。

其中，應該也有人會說：「我已經夠滿足自己而且也提高了頻率。」

像這種情況，我想給的建議是，在期望「想和這樣的對象交往」之前，要先確實掌握住你自己是什麼樣的個性。

我喜歡什麼呢？是什麼樣的個性？花點時間在筆記本上寫下相關特徵，請試著重新認識一下自己吧。

就像之前告訴過大家的，愛因斯坦曾說過：「宇宙是總括的全體，調和得有秩序又漂亮。」這個宇宙有著完美的調合力在運作著。

也就是說，透過如實地承認、肯定自己的個性，宇宙的「調和法則」會運作，並吸引來與你性情相投而且會補足你不足部分的對象。

宇宙整體是一個完整的拼圖。透過認識**「自己拼圖的碎片＝自己的個性」**，能吸引來擁有新碎片的出色對象以完成完整的拼圖。

你肯定「真實的自己」時，宇宙的指揮＝「零點場」就會為你牽起與出色對象的緣分：「好，我已經為你準備好很相配的人囉！」

即便是覺得「像我這樣的個性，應該很難和喜歡的人在一起吧？」的個性或條件，也請試著坦率地如實寫出。

接著，看著寫出的「真正自己的模樣」時，試著注意你自己有什麼感受吧。

你自己不須要擔心「即便是像這樣的我，也會有個人確實喜歡這樣的我嗎？」不須要否定「真實自我的模樣」。

反而你自己若是否定了「真實自我的模樣」，搞錯的宇宙指揮就會運作：「原來你是在期望否定自己的人啊。」所以請注意喔。

像是本來會自我否定的我的情況就是看錯了「真實自我的模樣」。因此就會不斷重複去和與自己拼圖碎片不合的對象交往，然後分手。

可是，自我想著：「要更珍惜自己！」並認識、讚揚自己的優點後，獲得男性肯定的機會就增加了。

我覺得「啊！男性覺得我看起來很有魅力啊！」而擁有自信時，就認識到了「自己真正的模樣」，完全肯定了如實的自己。

結果在那幾個月後，就遇見了直接肯定我「真實自我模樣」的丈夫並結了婚。

你只要如實肯定自己的優缺點，就能確實遇見理想的對象。這就是關於戀愛的能量法則。

那麼，你若能確實理解了自己「真實自我的模樣」，接下來就在「零點場」預定出色的對象。

就像在第一章中說過的，基本粒子會記憶各種各樣的資訊，波動則是有著能將基本粒子當成波搬運到各處的力量。而承載在基本粒子上的資訊會出現成為你的現實。

因此，**「在基本粒子上承載有什麼樣的資訊呢？」**就是在你與出色對象相遇上的重點。

正是這個基本粒子所承載的資訊，成為了我們的「意圖」。所謂的意圖就是「這個人很好、那個人很好」的具體內容。你會因持有「意圖」，而主動釋放出「意圖」所持有的基本粒子，並創造出與出色對象間的聯繫。

想著該擁有怎樣的「意圖」才好時，試著配合你「真實自我的模樣」，盡情去思考吧！此時也請試著信賴宇宙完全的調合力去思考喔。

戀愛練習⑤ 了解自己的個性，找出性情相投的人的練習

這個練習可以用在想知道真正適合自己的對象是什麼樣的人時。

透過練習，除了可以認識真正適合自己的人，進行「戀愛的練習⑥」時也很有效。

1 試著寫出你認為自己的優點與缺點吧。

優點

缺點

2

試著思考從宇宙的角度看自己時，與你能取得調和的對象，是什麼樣的人。試著寫出那個人的優點與缺點吧。

優點

3 試著寫出理想中的對象是什麼樣的人吧。請自由寫出想到的一切。

4 比較一下與你取得調和的對象以及理想的對象，試著思考對自己而言，真正期望的對象是什麼樣的人。

尋求出色對象時，只要抓住以下重點，出色的對象就會確實預備好為你而出現。

- **每天都要調整好自己的頻率。**
- **知道自己的個性，「瞄準」與自己取得調和的人**

這時候也可以拜託突然想到的朋友：「我想和這個人交往，希望你幫我介紹。」或是使用配對交友的APP。

就像這樣，透過借用朋友或網路的力量，就能生出超過你能量所能傳遞範圍的美好連結。

在高頻狀態下，讓承載著「意圖」的基本粒子擴散。

然後，有時借助人或網路等的力量，將自己的能量資訊傳遞到許多的領域去。這就是能讓你與出色的人相遇的祕訣。

能變幸福的能量重點

◆尋找出色的對象時，首先要靠自己滿足自己，同時將自己調整到高頻。

◆確實掌握住「真實自我的模樣」，肯定自己的一切。

◆看清與自己能取得調和的對象，心懷「念想」，向宇宙下訂單。

戀愛練習⑥ 為了遇見出色的對象而向宇宙網路下訂單的方法

請活用在想找出真正與你相合的對象時。

1 首先，處在放鬆的狀態下。心情愉悅地保持著那樣的狀態，並請想像從離自己身體約二十公分處有道金色的光芒擴展開來，包圍住你的全身（如被金色的蛋包裹住的狀態）。

2 那道金色光芒變得像網路一樣，將所有的人、物，甚至是地球全體都連結在了一起，試著心懷這種感覺吧。只要想著在金色光芒前端，與各式各樣的存在相連結就可以了。

試著向宇宙網路下訂單吧！

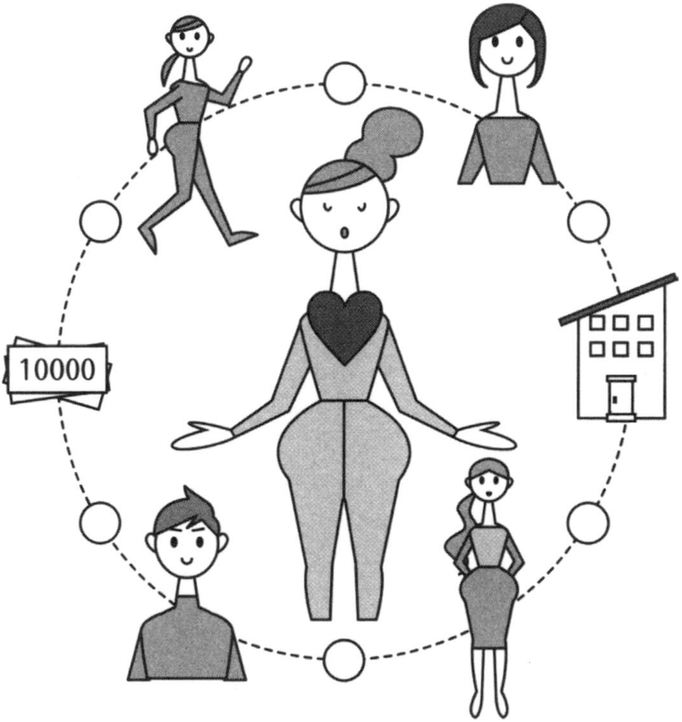

你的能量與地球上的所有人相連。在能量上承載意念放射出去，就一定能傳遞給所有人或物。

3 做了2的想像後，請試著想像你眼前有一個光團。在那個光團中，不斷吸入著你所思所想的資訊。首先，朝向那個光團，試著介紹一下你自己吧。其次，請試著說出與自己相合的對象特徵。例如像是：「我的名字是〇〇。與我相合的人是像〇〇那樣的人。」

4 緩緩用雙手捧起裝有你資訊的光團，請試著在想像中，將之融入到包裹住身體的金色光芒中。接著，若是感覺到融進的光團順著金色光芒的網路傳遞給許多人後就結束練習。

時間會朝向過去與未來兩個方向流動。

我在知道量子力學的機制時，便對自己出生的環境打從心底湧現出感謝。因為我知道了，其實有個已經結束了這個人生的自己，而那個自己認為「若是這個家庭，我就能擁有必要的體驗」才做出了選擇。

我學習靈性的契機是家庭關係問題，而一大課題就是該如何拯救那個家族。

現在我真心認為，能生在那個家族真是太好了。我理解了父母也給了我無條件的愛。正因為有那分愛，才有今天的我……。我是這麼想的。

你能領會到自己所懷抱的問題就是最大的禮物時，一切的現實就會翻轉成幸福。

拿起這本書的所有人，真的很感謝你們。

我想，大家應該都是懷有各式各樣的想法才會拿起這本書。

如果你現今正有煩惱的問題，請試著想一想「量子力學式的時間軸」。

請務必相信，一定有個自己已經將那問題升華並幸福生活著。然後，為了獲得打心底感受到的幸福，請試著活用這本書中的練習。這些練習我自己有先試著用過，是很有效的。如果有人難以搞懂要如何進行這些練習，我有在YouTube頻道「スピリチュアルIMAまきろんch」做介紹。

其中，應該也有人想知道狂熱能量的機制。但是在這本書中，我主要是寫給想知道能量機制以及日常該怎麼活用這些機制的人看。總有一天，我會告訴大家狂熱能量的世界……我悄悄藏了一點這樣的祕密在心裡（笑）。

本書是由德間書店的武井章乃先生、出版與行銷企劃的了戒翔太先生、出版製作兼寫手的有鳥伶小姐以及許多人支持而寫成的。

支持我寫書出版的眾人，以堀內恭隆先生、龍博士為首，都是出版過許多作品的前輩。為我牽起所有緣分的アトム（Atom）先生。作為我心靈支柱的左川奈津子小姐。重要的家人、朋友……真的很感謝你們。

還有我要再一次打心底感謝拿起這本書的你。

你是與神有著相同力量的存在。這是一定的。

因此，不論發生了什麼事，都請放心並幸福地度過。

我永遠都會為大家的幸福而祈禱。

まきろん

重設負面能量，一口氣提高頻率

本書限定，遠距療癒動畫！！

・靠自己的力量難以敞開心胸
・想淨化自己的能量
・不清楚心靈的感覺
・心靈覺得沉重

為了這些人，我製作了遠距的能量療癒動畫。將可以清除心靈沉重感、淨化能量的遠距療癒動畫，只限定送給購買本書的讀者觀看。希望你的心靈因為發揮了本來的力量而能過上輝煌的人生……。

獲得動畫的方法：

1　連結下列網址（日文）。
2　填寫你的姓名與電子郵件。
3　點擊「讀者登錄」鍵。
4　確認送至你電子郵件信箱的郵件。
5　獲得致贈的動畫。

◆連結下列網址

https://resast.jp/subscribe/158586

也可以掃描QR code進行連結

QRickit

Note

國家圖書館出版品預行編目資料

高頻療癒：淨化內在能量,實現豐盛人生/まきろん作；楊鈺儀譯. -- 初版. -- 新北市：世茂出版有限公司, 2023.07
面；　公分. -- (心靈叢書；17)
ISBN 978-626-7172-47-6(平裝)

1. CST：自我實現　2. CST：能量
3. CST：成功法

192.1　　112007263

心靈叢書17

高頻療癒：淨化內在能量，實現豐盛人生

作　　者 / まきろん
譯　　者 / 楊鈺儀
總　　編 / 簡玉芬
責任編輯 / 陳怡君
封面設計 / 林芷伊
出 版 者 / 世茂出版有限公司
地　　址 / (231)新北市新店區民生路19號5樓
電　　話 / (02)2218-3277
傳　　真 / (02)2218-3239（訂書專線）
劃撥帳號 / 19911841
戶　　名 / 世茂出版有限公司　單次郵購總金額未滿500元（含），請加80元掛號費
世茂官網 / www.coolbooks.com.tw
排版製版 / 辰皓國際出版製作有限公司
印　　刷 / 世和彩色印刷股份有限公司
初版一刷 / 2023年7月
二刷 / 2024年6月

I S B N / 978-626-7172-47-6
E I S B N / 9786267172483 (PDF) 9786267172490 (EPUB)
定　　價 / 360元